AF389952

on verra que les solutions de $R = o$, $R' = o$ seror
que celles de $R = o$, $Rq' + R' = o$, c'est-à-dire que
les équations $R = o$, $R' = o$, ou celles-ci $R = o$, $I$
on trouvera les mêmes solutions $x$ et $y$; mais $Rq$
$aB$, ces solutions satisfont encore aux deux équati
$aB = o$ : or la dernière pouvant se partager en $a =$
il s'ensuit que les solutions de $R = o$, $R' = o$, s
premièrement de toutes celles de $B = o$, $R = o$,
ment de toutes celles de $a = o$, $R = o$. Par com
équations $R = o$, $R' = o$ donnent non-seulement
des équations $B = o$, $R = o$, mais encore les co
par $a = o$, $R = o$.

On démontrera aussi et de la même manière q
tions $R' = o$, $R'' = o$, renferment tous les couples d
$R = o$, $R' = o$, ainsi que les couples étrangers donné
$R' = o$. Donc les équations $R' = o$, $R'' = o$, dor
les couples qui satisfont à $A = o$, $B = o$, et, $\cdot$
ceux qui satisfont aux équations $a = o$ $R = o$; $a' =$
En continuant ce raisonnement sur les équations s
sera amené à conclure que les deux dernières donne
pendamment des couples qui satisfont aux équati
$B = o$, tous ceux qui satisfont à ces systèmes d'éq

$$a = o, R = o; \quad a' = o, R' = o; \quad a'' = o, R'' = o; \ldots a^{(n-1)} = c$$

Ainsi en supprimant toutes les solutions étrangère
dans les équations $R^{(n-1)} = o$, $R^{(n)} = o$, on aura tou
tions vraies des équations $A = o$, $B = o$.

Il s'agit donc de résoudre les équations

$$a = o, \quad R = o;$$
$$a' = o, \quad R' = o;$$
$$a'' = o, \quad R'' = o;$$
$$\vdots$$
$$a^{(n-1)} = o, \quad R^{(n-1)} = o;$$

## Plan du Musée d'Artillerie.

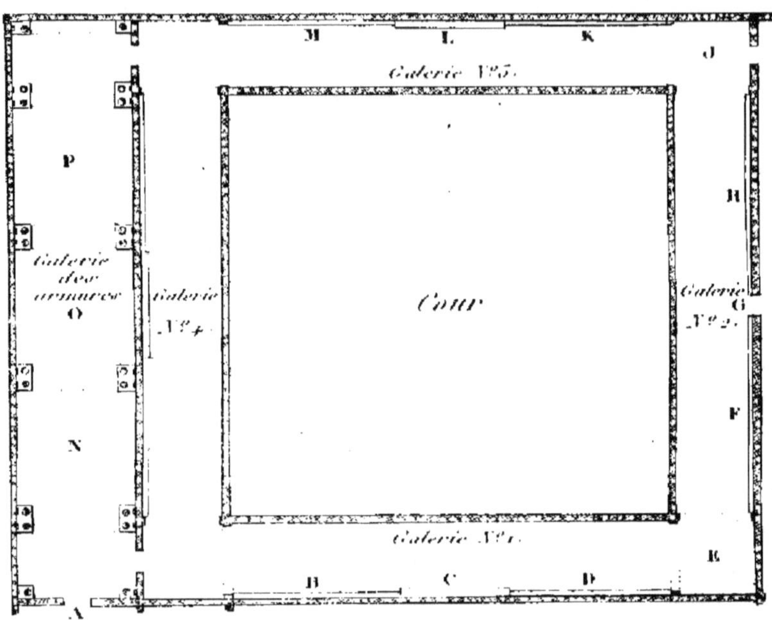



A. Porte principale.
B. Première partie du ratelier.
C. Armoire.
D. Deuxième partie du ratelier.
E. Retour.
F. Première partie du ratelier.
G. Petite porte.
H. Deuxième partie du ratelier.

J. Retour.
K. Première partie du ratelier.
L. Armoire.
M. Deuxième partie du ratelier.

Galerie des armures.

N. 1ère Travée.
O. 2me Travée.
P. 3me Travée.

# NOTICE ABRÉGÉE

## DES

# COLLECTIONS

DONT SE COMPOSE

## LE MUSÉE DE L'ARTILLERIE.

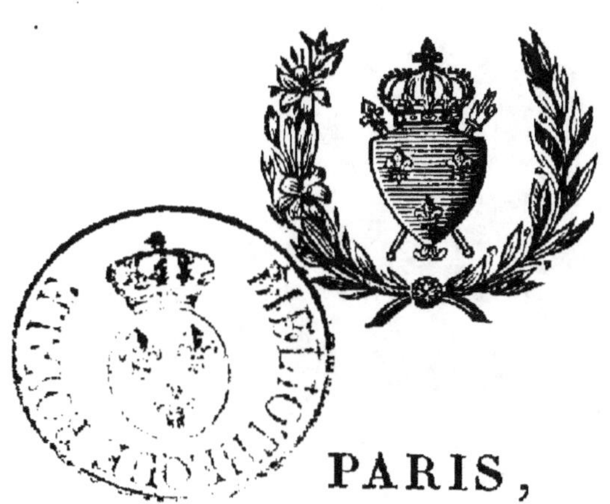

## PARIS,

IMPRIMERIE DE HUZARD-COURCIER,

RUE DU JARDINET, N° 12.

## 1826.

# NOTICE ABREGEE

## DES

# COLLECTIONS

### DONT SE COMPOSE

## LE MUSÉE DE L'ARTILLERIE.

———◦◦◦———

Les collections du musée occupent cinq galeries, dont une d'anciennes armures, et quatre d'armes, de modèles d'armes, de machines et instrumens servant à l'artillerie, etc. (Voir le croquis ci-contre pour l'intelligence de la position respective des galeries et des détails de l'arrangement intérieur.)

La galerie des armures se trouve, d'après l'ordonnance de sa colonnade, partagée en trois travées : la première, près la porte principale, présente les armures des chevaliers morts entre 1589 et 1715, c'est-à-dire, depuis le commencement du règne de Henri IV jusqu'à la fin de celui de Louis XIV : dans la seconde sont placées les armures des chevaliers qui ont vécu dans le siècle de François I$^{er}$, entre 1500 et 1589 ; la troisième, vers le fond, reçoit les armures des chevaliers morts avant l'an 1500.

Dans les galeries n$^{os}$ 1, 2, 3 et 4, sur les murs en face des croisées, est établi un râtelier d'armes, garni d'armes portatives, anciennes et modernes. Ce qu'il y a de plus précieux en ce genre est renfermé dans trois armoires vitrées, placées au milieu des galeries n$^{os}$ 1, 3 et 4.

Dans ces mêmes galeries, du côté des croisées, règne une suite de tables présentant des modèles de bouches à feu, d'affûts, de voitures, de machines, d'instrumens, etc. : sur le parquet, sous le porte-crosse du râtelier, sont placés les modèles d'une forte proportion.

Sur les murs entre deux des croisées sont

placés des tableaux présentant des assortimens
d'instrumens de fabrication ou de vérification,
ou bien des détails de construction pour divers articles de manufactures, etc.

# GALERIE DES ARMURES

### A L'ENTRÉE.

*A gauche.* •        *A droite.*

Une armure de héraut-d'armes. — Très pesante.

Une armure de roi-d'armes ou juge de tournoi. — Très pesante.

### PREMIÈRE TRAVÉE.

*Au milieu.*

Louis XIV, roi de France, mort en 1715. — Cette belle armure, fabriquée à Brescia, en 1688, est un présent de la république de Venise au roi de France.

*A gauche.*        *A droite.*

2. Ernest-Auguste de Brunswick, électeur de Hanovre. — Mort en 1698. — L'armure est en cuivre rouge doré.

1. Raimond de Montécuculli, général des armées impériales. — Mort en 1680.

4. Le maréchal de Turenne. — Tué près de Saltzbach le 27 juillet 1675.

3. Wolfgang de Neubourg. — Mort en 1653.

6. Le maréchal Fabert. — Mort en 1662.

5. Mathieu Galas, général des armées impériales. — Mort en 1647.

*A gauche.*       *A droite.*

8. Frédéric – Maurice, dernier prince de Sedan. — Mort en 1652.

7. Le maréchal de Vitri. — Mort en 1644.

10. Lamboy, général des armées impériales. — Mort en 1650.

9. Louis de Nogaret, duc d'Épernon, colonel général de l'infanterie française. — Mort en 1642.

12. Elisabeth de Nassau, mère du maréchal de Turenne. — Morte en 1642.

11. Frédéric V, électeur palatin, roi de Bohème. — Mort en 1632.

14. Le comte de Soissons. — Tué à la bataille de la Marfée en 1641.

13. Le maréchal de Thémines. — Mort en 1627.

16. Le connétable de Lesdiguières. — Mort en 1626.

15. Henri de la Tour, père du maréchal de Turenne. — Mort en 1623.

18. Le brave Crillon. — Mort en 1615.

17. Le maréchal d'Ornano. — Mort en 1610.

20. Le duc de Mayenne, chef de la ligue. — Mort en 1611.

19. Le chevalier Pierre Bruner, Suisse qui servit sous les rois de France, de Henri II à Henri IV. — Mort en 1608.

22. Le maréchal Jean de Montluc Balagni. — Mort en 1603.

21. Le maréchal de Retz. — Mort en 1602.

24. Charlotte de la

23. Le maréchal Guil-

*A gauche.*        *A droite.*

Marck, dame de Bouillon. — Morte en 1594.

laume de Joyeuse. — Mort en 1592.

26. Alexandre Farnèse, duc de Parme. — Mort en 1592.

25. Le maréchal de Biron. — Tué au siége d'Épernai en 1592.

## SUR UN CIPPE, ENTRE LA PREMIÈRE ET LA DEUXIÈME TRAVÉES.

L'épée de Henri IV et des restes d'une belle armure de ce monarque. Savoir : un casque, deux bouts de brassards et un hausse-col.

## DEUXIÈME TRAVÉE.

*Au milieu.*

François I$^{er}$, roi de France. — Mort en 1547. — L'armure est montée sur un cheval bardé, supporté par un piédestal, autour duquel sont des bas-reliefs, représentant la bataille de Marignan, moulés en plâtre sur ceux qui sont au tombeau de ce monarque à Saint-Denis.

*A gauche.*        *A droite.*

28. Henri, duc de Guise, le Balafré. — Tué à Blois en 1588.

27. Le maréchal Honorat de Savoie. — Mort en 1580.

*A gauche.* *A droite.*

30. Guillaume de la Marck, comte de Lumain. — Mort en 1578.

29. Françoise de Bourbon, veuve de Henri Robert de la Marck. — Morte en 1580.

32. Charles IX, roi de France. — Mort en 1574.

31. Le maréchal François de Montmorency. — Mort en 1579.

34. Montgomery. — Mort en 1574.

33. Henri Robert de la Marck. — Mort en 1574.

36. Le maréchal Gaspar de Saulx de Tavannes. — Mort en 1573.

35. Louis I$^{er}$, prince de Condé, oncle de Henri IV. — Tué à la bataille de Jarnac, en 1569.

38. Le maréchal de Bourdillon. — Mort en 1567.

37. Le connétable Anne de Montmorency. — Mort en 1567.

40. Le maréchal de Thermes. — Mort en 1562.

39. Le maréchal Pierre Strozzi. — Mort en 1558.

42. Le maréchal Oudart du Biez. — Mort en 1553.

41. Robert IV de la Marck, maréchal de France. — Mort en 1556.

44. Le maréchal Réné de Montejean. — Mort en 1538.

43. Philippe II, comte palatin. — Mort en 1548.

46. Le maréchal Théodore Trivulce. — Mort en 1531.

45. Robert III de la Marck, maréchal de France. — Mort en 1537.

| *A gauche.* | *A droite.* |
|---|---|

48. Le connétable de Bourbon. — Tué devant Rome, en 1527.

47. Robert II de la Marck. — Mort en 1535.

50. Le maréchal Jacques de Chabannes de la Palice. — Tué à la bataille de Pavie, en 1525.

49. Le chevalier Bayard. — Tué à la retraite de Rebec, en 1524.

52. D'Imbercourt.—Tué à la bataille de Marignan, en 1515.

51. Louis XII, roi de France. — Mort en 1515. — Cette belle armure, qui vient de la galerie de Sédan, y portait le nom de *l'armure aux lions.*

### SUR UN CIPPE, ENTRE LA DEUXIÈME ET LA TROISIÈME TRAVÉES.

Un casque de forme moresque, à timbre arrondi, très orné. On croit qu'il a fait partie de présens donnés à saint Louis par le soudan d'Egypte, vers le milieu du treizième siècle.

### TROISIÈME TRAVÉE.

*Au milieu.*

Godefroy de Bouillon, roi de Jérusalem. — Mort

en 1099. — Cette belle armure vient de l'ancienne galerie de Sédan, où elle fut apportée de Bouillon, par Évrard de la Marck, en 1440.

*A gauche.*

54. Charles VIII, roi de France. — Mort en 1498.

56. Le maréchal Philippe de Crevecœur. — Mort en 1494.

58. Louis XI, roi de France. — Mort en 1483. ( Cette armure porte la même devise que celle du n° précédent.)

60. Le maréchal Jean, bâtard d'Armagnac, dit l'Escun. — Mort en 1473.

62. Charles, duc d'Orléans, père de Louis XII. — Mort en 1465.

64. Charles VII, roi de France. — Mort en 1461.

66. Le maréchal Philippe de Culant. — Mort en 1451.

68. Le maréchal Jacques

*A droite.*

53. Robert I<sup>er</sup> de la Marck. — Mort en 1489.

55. Jean de Bourbon, connétable. — Mort en 1487.

57. Louis XI, roi de France. — Mort en 1483. — Cette armure porte la devise de ce roi : *O mater Dei, memento mei.*

59. Jacques III d'Armagnac, duc de Nemours, comte de la Marche. — Mort en 1477.

61. Charles le Téméraire, duc de Bourgogne. — Tué devant Nancy en 1477.

63. Évrard III de la Marck. — Mort en 1460.

65. Jeanne d'Arc, la pucelle d'Orléans. — Morte en 1431.

67. Jean sans Peur, duc

| *A gauche.* | *A droite.* |
|---|---|

de Montbron. — Mort en 1422.

70. Le connétable Louis de Sancerre. — Mort en 1402.

72. Le maréchal de Boucicaut, I<sup>er</sup> du nom.—Mort en 1367.

74. Louis 1<sup>er</sup>, duc de Bourbon.—Mort en 1341.

76. Un croisé des comtes de Waldeck (avec la devise de la maison).

78. Renaud de Montauban, cousin de Roland. — Tué à Roncevaux, en 778.

( Cette armure vient de Sédan, où elle portait ce nom. )

de Bourgogne. — Tué à Montereau en 1419.

69. Louis, duc d'Orléans, comte de Valois, aïeul de Louis XII. — Tué vieille rue du Temple, en 1407.

71. Jacques I<sup>er</sup> de Bourbon, comte de la Marche, connétable. — Tué à Brignais, en 1361.

73. Un croisé des comtes de Waldeck. ( Portant la devise de cette maison : *à Dieu seul l'honneur.* )

75. Un croisé de la même maison. ( Même devise. )

77. Roland, fils de Berthe, neveu de Charlemagne. —Tué à la bataille de Roncevaux, en 778.

( Armure ainsi désignée dans l'ancienne galerie de Sédan. )

AU FOND DE LA GALERIE DES ARMURES.

*A gauche.*

Un grand trophée composé de

1°. Un très beau casque, forme de celui de Minerve : le dôme formé par le corps d'un dieu marin retenu dans cette position forcée par deux sirènes qui l'ont saisi par sa longue barbe : il y a une inscription grecque, et quelques restes de damasquinure en argent.

2°. Une superbe rondache de tournoi, figures relevées, dorées, argentées et damasquinées ; le sujet : un guerrier à genoux aux pieds d'une princesse qui du doigt lui fait remarquer dans les airs une apparition miraculeuse ; une enseigne romaine flotte au milieu des gens de la suite du guerrier.

*A droite.*

Un grand trophée composé de

1°. Un beau morion en fer ; figures relevées en bosse et damasquinées. Le sujet est une décollation.

2°. Une superbe rondache de tournoi ; figures d'un très grand relief damasquinées ; fonds dorés. Le sujet est un combat entre guerriers armés à la romaine ; on y voit une enseigne romaine.

3°. Un casque sans visière, avec des oreillettes ; figures relevées et damasquinées. Le sujet : un combat comme au n° précédent.

4°. Un casque à oreillettes ; figures en bosse, damasquinées et dorées. Sujet : un guerrier assis, précédé d'un amour, et suivi d'un génie qui lui

*A gauche.*   *A droite.*

3°. Un très beau casque, figures relevées et dorées ; le même sujet que celui de la rondache.

4°. Un beau casque, figures relevées ; un combat avec enseignes romaines.

5°. Une belle rondache de tournoi ; figures relevées, dorées, argentées et damasquinées. Le sujet est le groupe du *Laocoon*.

6°. Une rondache de tournoi, figures relevées ; autrefois damasquinées et dorées ; le sujet est peut-être la tête de *Symmaque* présentée à *Théodoric*, ou la tête de *Pompée* présentée à *César*.

7°. Un armet, figures relevées et dorées. Sujet : un combat.

met une couronne sur la tête.

5°. Un très beau bouclier ; fonds uni, gravé et doré ; l'ombilic très relevé présente une tête de chimère ; autour, six médaillons distribués entre un même nombre de caryatides d'un certain relief.

6°. Un très beau bouclier en fer avec figures relevées en bosse ; l'ombilic porte une tête de chimère avec ornemens damasquinés ; la frise est chargée de médaillons, de figures d'instrumens de guerre et des beaux-arts, damasquinés en or ; entre l'ombilic et la frise, l'espace est partagé entre quatre petits tableaux ; fonds dorés en plein. Les sujets tirés de l'histoire romaine sont : le dévouement de *Curtius* ; ceux *de Mutius Scevola* et d'*Horatius Cocles* ; et le

*A gauche.*

8°. Un autre armet, figures relevées et jadis dorées. Sujet : *Persée délivrant Andromède.*

9°. Un beau bouclier ovale, figures relevées et dorées. Sujet : un combat entre des dieux marins.

10°. Une belle pertuisane; longue douille historiée, en cuivre doré, attribuée à *la Pucelle d'Orléans.*

11°. Une hallebarde ancienne.

12°. Un beau morion, figures relevées et dorées. Sujet : un combat entre des dieux marins.

*A droite.*

combat de *Manlius Torquatus* contre un Gaulois.

7°. Un beau morion; figures relevées et damasquinées. Sujet : un combat entre des dieux marins.

8°. Un autre très beau morion; figures relevées et dorées : ce sont les amours de Vénus et Mars.

9°. Un grand bouclier ovale; figures relevées et dorées. Sujet : un combat où l'on voit les costumes et enseignes à la romaine.

10°. Une longue pertuisane à pointe très aiguë, du temps de François I^er.

11°. Une pertuisane entièrement semblable à la précédente.

12°. Un heaume d'un très beau travail; sur le dôme est un dragon couvert d'écailles dorées : la visière présente une figure de vieillard, damasquinée et dorée.

*'A gauche.*

Au chambranle de la porte
est suspendu

Un ancien casque ; dôme
pyramidal ; fonds argentés ;
sans visière : sur l'abat-jour
et sur la pièce de nuque,
sont des phrases du Coran,
en caractères arabes : on
l'attribue à *Abdérame*, tué
par Charles Martel, en 730.

*'A droite.*

Au chambranle de la porte
est suspendu

Un très ancien casque ;
dôme pyramidal, ornemens
en argent doré, sur fer
bruni , sans visière. On
l'attribue à *Attila*, mort
en 453.

# GALERIE N° I.

1°. A L'ENTRÉE DE LA GALERIE, OU DANS LE RETOUR
ENTRE LES GALERIES N° 1 ET N° 4.

*(Les articles sont cotés par une série de numéros croissant à partir du bas en allant vers le haut.)*

1. Armure noire, composée d'un casque double, d'un plastron double et d'une cuirasse, le tout pesant environ 45 kilogrammes. — Sur un socle. — On l'attribue à Ferry de Lorraine, tué à la bataille d'Azincour, en 1415.

2. Deux gros fusils de rempart à mèche.

3. Deux petits boucliers en fer poli uni.

4. Deux cottes de maille sans manches.

5. Deux grands cors suisses, en bronze, du poids de 25 kilogrammes chacun, portant la date de 1588.

6. Deux espadons à deux mains.

7. Deux fleurets d'espadons à deux mains.

8. Sept pieds de biche, pour tendre les arcs d'arbalète.

9. Deux arbalètes, portant elles-mêmes le mécanisme nécessaire pour tendre leurs arcs.

10. Un très fort arc en acier, pour baliste, avec la moufle nécessaire pour le bander.

11. Deux pièces de manteau d'armes.

12. Deux fortes arbalètes.

13. Six crics pour tendre les arcs des grosses arbalètes.

14. Un casque en fer poli, à nervures rondes très saillantes.

15. Deux demi-manteaux d'armes, provenant d'armures différentes.

16. Deux boucliers à main, dont l'un est de corne d'élan.

17. Quatre anciens cranequins, à treuil et double manivelle.

18. Trois anciens arcs en acier.

19. Deux gros casques de hérauts d'armes, provenant d'armures différentes.

20. Deux cottes de maille à manches.

21. Une ancienne cubitière très forte.

22. Un trophée composé d'anciennes armes de main; savoir: deux fauchards ou pertuisanes; deux flamberges ou épées à deux mains; quatre haches d'armes de formes différentes; deux javelots; deux fléaux d'armes; deux scor-

pions ou fouets d'armes ; deux masses d'armes ; enfin , une grande épée à deux mains.

2°. PREMIÈRE PARTIE DU RATELIER D'ARMES.

Anciennes armes portatives à feu.

*Premier rang, ou rang inférieur, sur le devant du râtelier.*

1 à 4. Poitrinals à mèche ; ce qu'il y a de plus ancien dans les armes portatives à feu ; ils remontent, en France, au règne de Louis XI.

5 à 11. Anciennes arquebuses à mèche.

12 à 15. Anciens mousquets à mèche de soldat.

16 à 20. Anciens mousquets à mèche de soldat d'infanterie sous les règnes de Louis XIII et de Louis XIV ; ils viennent de l'ancien arsenal de Paris, et portent sur le canon : *magasin royal.*

21. Grand fusil turc à mèche, bouche en tulipe, canon damasquiné, avec inscriptions arabes.

22. Belle carabine à mèche, de 1687, à double détente.

23 à 27. Arquebuses à rouet et à mèche. Une d'elles porte la date de 1592.

28. Fusil français à rouet et à mèche ; canon très long.

29 à 68. Carabines allemandes à rouet; platine présentant tout le mécanisme en dehors ; presque toutes sont d'un très petit calibre et ont le fût très orné.

69. Carabine allemande à rouet, canon très long, platine gravée.

70. Fusil à rouet, canon très long, portant la date de 1628.

71 à 84. Carabines allemandes à rouet ; une porte, sur le canon, la date de 1616; une autre, la date de 1579.

*Second rang, ou rang supérieur, le plus près du mur.*

1 à 2. Anciens petits fusils à mèche, à trois canons.

3 à 4. Anciens fusils à mèche, à tambour.

5. Fusil à mèche, à deux canons.

6. Fusil italien à mèche, à deux serpentins.

7 à 9. Anciens fusils à mèche.

10 à 13. Anciennes arquebuses à mèche.

14 à 15. Anciens mousquets, à mèche, de soldat.

16 à 19. Fusils turcs à mèche.

20. Petit fusil à rouet et à mèche.

21. Ancien tromblon à rouet ; canon en cuivre.

22 à 24. Anciennes arquebuses à rouet ; l'une porte la date de 1594.

25. Ancien fusil à rouet, portant sur le côté droit une colonne creuse, percée de trous dans sa longueur.

26. Ancien fusil à deux coups ; canons l'un sur l'autre ; platine à deux rouets.

27. Ancienne sarbacane, canon de bois couvert d'une feuille de cuivre jaune. (Dégradée.)

28 à 30. Anciennes carabines à rouet ; canons en cuivre.

31 à 70. Carabines allemandes à rouet de différentes espèces : une porte la date de 1624 ; d'autres, celles de 1632, 1661, 1672, etc.

### 3°. ARMOIRE VITRÉE.

(Cette armoire, ainsi que celles des autres galeries, est à trois corps, fermés par autant de portes vitrées. Les articles sont cotés, dans chaque corps, par une série particulière de numéros croissant à partir du bas en allant vers le haut.

*Corps d'armoire de droite.*

1 à 2. Une épée de connétable ( on croit que c'est celle de Duguesclin ) avec le fourreau parsemé de fleurs de lis en cuivre doré. (Manque le petit bout du fourreau.)

3. Belle épée à l'espagnole; poignée richement sculptée en acier bruni; fonds dorés; c'est un des ouvrages du *Benvenuto Cellini;* apportée de Naples par le général Éblé. On croit qu'elle a appartenu à Lannoy, vice-roi de Naples, du temps de Charles-Quint.

4. L'épée de *François I<sup>er</sup>;* poignée en croix, émaillée, avec ornemens en or, parmi lesquels on distingue des salamandres; sur la garde on

lit, en lettres émaillées , *Fecit potenciam (sic)*
*in brachio suo.*

5. Une ancienne épée; poignée en cuivre
fondu, présentant un beau groupe de sculpture; sur la lame sont les armes de la maison
*d'Est.*

6. Ancienne épée à l'espagnole; coquille
couverte d'ornemens en chaînettes argentées;
on croit qu'elle a appartenu à *Louis I*[er]*, prince
de Condé.*

7. Épée de Charles VIII; sur la lame, d'un
côté un médaillon représentant le roi, avec
ces mots : *Charles VIII succéda à son père
Louis IX*; de l'autre côté, un médaillon représentant un duc de Milan.

8. Une ancienne carabine à rouet, à deux
coups avec un seul canon; deux rouets, deux
chiens, incrustations d'ivoire.

9. Un ancien mousquet à mèche, d'un très
beau travail, portant sur la plaque de couche
les armes de Louis XIII.

10. Une ancienne carabine à rouet; fût richement incrusté d'ivoire.

11. Une belle carabine à rouet; fût plaqué

en ivoire avec ornemens incrustés ; canon très richement ciselé.

12. Une carabine à rouet avec de très belles incrustations d'ivoire.

13. Un très beau mousquet à mèche ; canon chargé, le long du tonnerre, de médaillons ciselés, et présentant, dans le reste de sa longueur, une colonne cannelée avec son chapiteau ; sur la plaque de couche sont les armes du *cardinal de Richelieu*.

14. Une carabine à rouet ; fût en beau bois couvert de sculpture représentant des chasses.

15 à 16. Une paire d'anciens pistolets à rouet, la monture entière en fer relevé en bosse et ciselé.

17. Une grande épée du quinzième siècle ; quillons longs et recourbés vers la pointe.

18. L'épée de *Louis XI*, lame ondoyante, portant l'*Ave Maria*..

19. Une grande épée entièrement semblable à celle du n° 17.

20. Un joli bouclier fait d'écaille de tortue ; demi-transparent.

*Corps d'armoire du milieu.*

1. Un beau pistolet à rouet, à pommeau en boule; chargé d'incrustations en ivoire.

2. Un pistolet à rouet, de même forme, avec des incrustations d'ivoire.

3 à 4. Une paire d'anciens étriers en fer poli.

5 à 6. Une belle paire d'anciens étriers à la moresque, en fer découpé à jour et ciselé, donnée au musée par le général Éblé. On croit qu'ils sont du treizième siècle.

7. Un ancien poignard italien, qui se divise, à volonté, en trois branches, par le moyen d'un bouton qui agit sur deux ressorts à paillettes.

8. Un ancien poignard italien à lame percée à jour d'une infinité de petits trous.

9. Une cuirasse en fer ciselé, ébauchée à droite, finie à gauche. C'est un ouvrage du *Benvenuto Cellini*.

10. Une ancienne poire à poudre en ivoire sculpté.

11. Une ancienne petite poire à poudre en fer, d'un joli travail.

12. Une belle carabine à rouet; fût richement incrusté en ivoire; se chargeant au tonnerre au moyen d'un dé; le rouet se remontant par le mouvement du chien : canon damasquiné.

13. Une jolie carabine à rouet, avec des arabesques en ivoire incrustées sur la crosse; canon damasquiné.

14. Une ancienne carabine à rouet, couverte d'ornemens en nacre.

15. Un très beau *poitrinal* à rouet; platine brunie, le fût chargé de belles incrustations d'ivoire; canon richement damasquiné en or et argent.

16. Une petite carabine à rouet à deux coups; incrustations en ivoire.

17. Une petite carabine à rouet, chargée d'incrustations en nacre et ivoire.

18. Une carabine à rouet se chargeant au tonnerre. (Le dé manque.)

19 à 20. Deux marteaux d'arme, portant chacun un pistolet à rouet.

21. Un grand bouclier en cuir, verni en laque du Japon, avec ornemens dorés.

*Corps d'armoire de gauche.*

1. Une belle poire à poudre, de Charles IX.

2 à 3. Une paire d'anciens pistolets à rouet, portant sur le canon la date de 1579; monture terminée par un pommeau sphérique, entièrement couverte d'incrustations en ivoire : on croit qu'ils ont appartenu au roi de France Henri III.

4 à 5. Une autre paire de pistolets, sans date, mais semblables aux précédens, et sans doute de la même antiquité.

6 à 7. Une autre paire de pistolets à rouet de la forme des précédens; mais les ornemens sont d'un genre différent : les canons sont damasquinés.

8 à 9. Une paire d'anciens étriers en fer poli.

10. Un pistolet à rouet sur un poignard, avec une poignée d'épée.

11. Un très ancien fusil à rouet, canon à

3..

pans, bruni et orné de ciselures ; le fût en bois noir ; la crosse sculptée en ronde bosse.

12. Un beau fusil italien à rouet ; canon portant le nom de *Columbo ;* belle platine à deux chiens.

13. Un beau fusil italien à rouet ; canon de *Lazarino ,* platine à deux chiens.

14. Un très beau fusil à rouet ; garniture d'un riche travail en acier repercé et ciselé. L'arme est de forme italienne , et remonte vers 1550.

15. Un beau fusil à rouet, garni en acier gravé et ciselé. Sa forme , qui se rapproche du précédent , autorise à le reporter à la même époque.

16. Un beau fusil à rouet français, de Louis XIII.

17. Un beau fusil français à rouet ; platine brunie ; tringle de mousqueton ; de Louis XIII.

18. Une hache d'arme portant un pistolet à rouet.

19. Un sabre portant un pistolet à rouet.

20. Un large poignard italien , dit *miséricorde*.

21. Une autre *miséricorde*.

22. Une épée; poignée en acier, richement sculptée : on lit sous les branches de la garde *Petrus Ancinus Reggio* 1553.

23. Une épée ; poignée en acier cadrillé : la lame présente d'un côté le médaillon de *Jean Georges*, électeur de Saxe, et de l'autre, celui de l'empereur *Ferdinand II*.

24. Rondelle à poing, concave du côté opposé à la poignée; la concavité, hérissée de pointes d'acier, présente au centre un cul de lampe terminé par un manche d'acier; autour de ce cul de lampe, parmi des feuillards dorés, on distingue les armes d'Angleterre et de France, et trois roses, ce qui autorise à attribuer cette rondelle au comte de Richemont qui devint, en 1485, roi d'Angleterre, sous le nom de *Henri VII*.

4°. SECONDE PARTIE DU RATELIER D'ARMES DE LA MÊME GALERIE.

Continuation des anciennes armes portatives à feu.

*Premier rang.*

1 à 4o. Carabines allemandes, à rouet, crosses droites, fûts plus ou moins ornés en incrustations de nacre, d'ivoire, de corne colorée. On y trouve des dates depuis 1589 jusqu'à 1700. Elles ont la plupart des platines gravées et des doubles détentes.

41 à 58. Carabines allemandes, à rouet, crosses presque droites; belles platines gravées ou ciselées, garnitures en cuivre doré; elles ne remontent guère au-delà de 1700.

59 à 73. Gros fusils à rouet, canons longs et épais. La plupart des platines sont unies et bronzées; les fûts sont peu ornés : il y en a à la date de 1615.

74 à 79. Carabines à rouet, platines unies, fûts peu ornés.

80. Très ancien fusil italien, à rouet, à deux

chiens; tout le mécanisme en dehors, le fût recouvert d'ornemens en fer découpé et ciselé. Sur le canon, qui est à pans, on lit *Ventura Cani*.

81 à 84. Anciens fusils français, à rouet, belles platines et beaux bois.

### Second rang.

1. Carabine allemande, à rouet, canon long, petit calibre, portant la date de 1504.

2. Carabine allemande, à rouet, canon et platine damasquinés en or, fût couvert d'ornemens en nacre et cuivre doré incrustés.

3 à 54. Carabines allemandes, à rouet, avec des fûts la plupart ornés d'incrustations d'ivoire. On y trouve les dates de 1621, 1666, etc.

55. Carabine à rouet, canon rond, avec âme exactement carrée.

56 à 58. Carabines à rouet, ordinaires.

59. Carabine dont le rouet se remonte par le mouvement du chien, fût entièrement recouvert en bois de cerf.

6o à 67. Carabines allemaudes, à rouet, courtes.

68 à 70. Anciens fusils italiens, à rouet.

5°. TABLES DE LA MÊME GALERIE.

*Première table.*

1. Petits modèles de l'artillerie française, sous le règne de Louis XIV, vers le commencement.

Cette collection fut faite pour l'instruction du grand dauphin. Toutes les pièces, excepté les deux de 6, portent, sur le premier renfort, un cartouche ciselé aux armes du dauphin, et, dans une gorge creusée au milieu de la plate-bande de culasse, *Goss. Mich. Wolff. Hieronimus herolde in Nurnberg* 1663.

2. Modèles d'anciennes pièces à chambre sphérique : sur l'une, autour du ventre, on lit: *Berenger de Falize, fecit Duaci* 1694.

*Deuxième table.*

1. Modèles de pièces de campagne de la fin

du règne de Louis XIV, et d'après l'ordonnance de 1732, montées sur leurs affûts.

2. Modèles d'anciens affûts; savoir : affût de de place, à roulettes pleines, dit *affût à la Vauban*; affût de *contrescarpe*, et affûts à un seul flasque, destiné pour le tir des bombes à ricochet.

*Troisième table.*

1. Modèles de mortiers et pierriers, d'après l'ordonnance de 1732, et modèles de mortiers plus anciens, français et étrangers.

2. Un modèle de mortier monté sur affût et avant-train à roues.

*Quatrième table.*

Modèles de pièces dites *à orgues*. Ce sont des bouches à feu à plusieurs âmes, des bouches à feu accolées sur un même affût, des pièces qui réunissent des bouches à feu de différentes espèces, etc. Ces projets sont du commencement de l'autre siècle, et la plupart sont décrits et gravés dans les anciennes éditions des *Mémoires de Saint-Remy*.

*Cinquième table.*

Modèles de pièces anciennes et modernes de construction singulière : ce sont des pièces qui se chargent au tonnerre par différens mécanismes ; pièces dont la bouche et la lumière sont couvertes par un mécanisme à secret ; pièces qui se partagent en plusieurs tronçons ; pièces qui ont des affûts en fer fondu ou forgé.

*Sixième table.*

Modèles d'affûts marins de différentes espèces ; modèles de caronades, de pierriers de marine, etc.

*Septième table.*

Modèles d'affûts de côte, et projet de fourneau à rougir les boulets.

*Huitième table.*

1. Modèle en bois du pont de *Mellingen en Argovie sur la Reuss.* Ce pont, d'une seule arche, a 160 pieds de longueur.

2. Petit équipage de pontons de cuivre, à l'échelle d'un pouce pour pied.

3. Machines diverses, ou modèles de machines ; savoir :

Projet de voiture à deux roues et timon, portant cheval de frise au bout du timon, et batterie carrée entre les roues pour recevoir quelques tirailleurs, avec deux caronades, par le sieur Bellié. 1822.

Projet de cheval de frise portatif, de forme triangulaire, en planches, présentant trois fers de lance.

Chausse-trape en gros fil de fer, qui se démonte et prend la forme de faisceau pour le transport.

Chausse-trape composée de quatre pointes de clous réunis par les têtes dans une petite pyramide de plomb.

Chause-trape, *idem.*

Étoile du sieur Belpré, qui se déploie en présentant six fers de lance, et forme ainsi une grande chausse-trape.

Piége à pistolet contre les loups, par M. Régnier.

Projet de torpédo, par M. Régnier.

Le réumamètre, par M. Régnier.

Projet de voiture portant deux marmites pour faire des soupes à la suite des armées, par M. Baumgarten, ingénieur bavarois.

Modèle d'un chapelet pour faire monter l'eau.

Modèle de laminoir.

Caisson portant une échelle qui peut y être élevée et servir à des reconnaissances militaires, par M. Régnier.

Modèle de moulin à écraser les pommes de terre, par M. Maréchal, garde d'artillerie.

6°. SUR LE PARQUET, SOUS LES PORTE-CROSSES DU RATELIER.

1. Les modèles à l'échelle de 3 pouces pour

pied, des affûts à limonière des cinq calibres de l'ordonnance de 1732.

2. Le modèle, même échelle, d'un affût plus ancien, portant une pièce en bronze, de forme inusitée, et chargée d'ornemens bizarres.

3. Un haquet à bateau, avec poutrelles et madriers, modèle autrichien, même échelle.

4. Le pont roulant, de M. de Gribeauval, même échelle.

5. Le ponton en cuivre et son haquet, du système de M. de Gribeauval, même échelle.

6, 7, 8. Haquets à bateaux, même système et même échelle.

9. Le bateau et les agrès sur son haquet, proposé par M. Jobard, capitaine des pontoniers.

10. Un haquet sur lequel est un modèle de barque et plusieurs modèles de nacelles, proposés par M. le général Dedon.

11. La grue roulante de l'équipage de pont de bateaux, de M. de Gribeauval, échelle du quart.

Ils sont occupés par des tableaux présentant les divers assortimens de limes en usage dans les arsenaux et manufactures de l'artillerie.

RETOUR ENTRE LES GALERIES N° 1 ET N° 2.

1. Six carquois de nègres des bords du Sénégal, avec des flèches, et deux sacs de cuir à leur usage.

2. Une massue en bois noueux, et deux casse-têtes ordinaires, des sauvages du Canada.

3. Trois casse-têtes de chefs de sauvages du même pays.

4. Deux autres casse-têtes ordinaires.

5. Lacet pour la chasse du tigre ; en usage chez les Brésiliens.

6. Quatre carquois de Tartares avec des flèches.

7. Deux timbales en airain.

8. Un carquois de chef de Kirguises, en argent doré, découpé à jour, avec des flèches.

9. Deux boucliers en roseaux, nattés en soie.

10. Deux carquois de Tartares, avec des flèches.

11. Deux arcs en rotang.

12. Deux boucliers, l'un en roseau, l'autre en cuir.

13. Un trophée comprenant : un étendard ; six arcs en muscles d'animaux desséchés ; un bidon en cuir ; deux grandes cuillères en bois ; une petite cuillère en os ; une paire de sandales, et deux bourses à tabac, des sauvages du Canada.

14. Deux anciennes timbales en fer.

# GALERIE Nº II.

### 1º. PREMIÈRE PARTIE DU RATELIER D'ARMES.

**Armes à feu anciennes ( continuation ), et armes à vent.**

*Premier rang, sur le devant du râtelier.*

1 à 20. Anciens fusils français et italiens à rouet, longs et courts, plus ou moins ornés.

21 à 23. Anciennes arquebuses à rouet; gros canons; fûts plus ou moins ornés.

24 à 42. Carabines allemandes à rouet; crosses épaisses en gigues, se rapprochant beaucoup des crosses des fusils modernes, grande variété dans les ornemens des garnitures.

43 à 44. Petits fusils à rouet; crosses comme aux fusils modernes; tringles de mousquetons.

45. Long fusil; canon terminé en tulipe; fût orné de filigranes en cuivre doré; crosse

bizarrement contournée ; platine du genre de celles à rouet ; mais le rouet est ici réduit au quart, et se monte en l'armant comme le chien d'une platine moderne.

46. Grosse carabine, canon bronzé, fût incrusté d'ivoire et de nacre, platine à silex qui a probablement été substituée à une platine à rouet.

47 à 72. Fusils et carabines à vent, les uns allemands, ayant deux soupapes au récipient d'air condensé ; d'autres, à l'anglaise, ont un récipient de forme sphérique qui se visse sous le canon; d'autres, de la fabrique de Liége, ont des récipiens à une seule soupape et portent des canons menus qui pour la plupart prennent la forme de canne; d'autres sont des carabines à vent tyroliennes de guerre, ou des carabines fabriquées sur le modèle des tyroliennes; enfin parmi ce nombre (sous le n° 47) est l'arquebuse à vent des cabinets de physique dont le récipient est un espace vide ménagé entre l'enveloppe extérieure du canon et la surface extérieure de l'âme.

*Second rang, vers le mur.*

1 à 19. Anciens fusils français et italiens à rouet, canons courts pour la plupart et de petits calibres; on y trouve la date de 1617; grande variété dans les ornemens.

20 à 33. Carabines allemandes; crosses en gigues, à peu près comme les crosses modernes. La plupart à canons courts; on y trouve quelques dates 1663, 1689; grande variété dans les ornemens des platines et garnitures.

34. Joli petit fusil à rouet à deux coups; canons cannelés le long du tonnerre, crosse à la moderne.

35. Très petit fusil à rouet, crosse en gigue, sans porte-vis ni plaque de couche.

36 à 39. Anciennes carabines, fûts incrustés d'ivoire, où l'on a mis des platines à silex au lieu de platines à rouet, suivant toute apparence.

40 à 54. Fusils à vent, allemands, liégeois, à récipiens sphériques.

55 à 56. Fusils avec sarbacanes.

57 à 60. Fusils à soufflets dans les crosses.

2°. SECONDE PARTIE DU RATELIER D'ARMES.

Armes à feu, platine à silex ; armes de fantaisie ou
de chasse.

*Premier rang. — Devant du râtelier.*

1. Fusil dit *à la Vauban* qui, au mécanisme
ordinaire de la platine à silex, joint le serpen-
tin pour la mèche.

2 à 7. Anciens fusils avec platine à silex de
première origine.

8 à 11. Fusils se chargeant à la culasse au
moyen d'un dé qui reçoit la charge.

12 à 13. Fusils à béquille, dits fusils *de Vin-
cennes* ou fusils *de Bordier*.

Le canon se sépare du tonnerre en glissant
le long du canal du fût pour admettre la charge,
puis se rapproche du tonnerre et s'y visse par
un tour de béquille.

14. Fusil dit à *la Henri IV*, à béquille et

à manivelle, se chargeant comme les précédens, muni d'une très longue baïonnette non coudée, mais creusée en gouttière.

15 à 17. Fusil ou mousqueton à tonnerre tournant. Ici le canon est fixe, mais le tonnerre recule et tourne, par différens mécanismes, pour recevoir la charge.

18 à 21. Mousqueton à tonnerre tournant et canon glissant; mécanisme de *M. de Sartoris.*

22. Mousqueton dont le tonnerre se découvre, pour admettre la charge, par la rotation du canon autour d'un axe un peu éloigné de celui du canon, proposé et exécuté par *M. Nicolet,* officier d'ouvriers employé à l'atelier de précision.

23. Fusil à bague mobile, qui permet, pour loger la charge, d'ouvrir une entaille longitudinale pratiquée au tonnerre: la platine porte, *à Charleville.*

24 à 27. Carabines proposées par le *maréchal de Saxe.* Le tonnerre s'ouvre par la rotation de la sous-garde pour recevoir la balle, puis la charge de poudre.

28 à 29. Anciens fusils à réservoir ; mécanismes compliqués et incomplets.

30 à 33. Fusils à robinet, tous incomplets plus ou moins.

34 à 39. Fusils à tambour, à 2, à 3, à 4, à 5, à 6 charges.

40 à 50. Fusils à deux coups, canons dessus et dessous tournans.

51 à 52. Anciens fusils à deux coups, canons dessus et dessous, à deux platines.

53 à 55. Espingoles.

56 à 69. Fusils à canons longs et forts, de différens pays et de différentes sortes.

70 à 74. Fusils de cible, portant sur le tonnerre un canal de visée, ayant le canon ovale intérieurement.

75. Un fusil, canon turc, visière sur la culasse, monture allemande.

76. Un fusil, monture allemande, platine à gauche.

77. Un fusil, canon très allongé, monture allemande, corps de platine, porte-vis, sous-garde, plaque de couche et pièce de pouce en cuivre jaune très ornés.

78 à 90. Fusils de chasse avec beaux canons, damas, damassés, tordus ou à rubans de différens pays.

91. Un fusil de chasse, canon à ruban, brasure en cuivre très apparente.

92 à 101. Beaux fusils de chasse, la plupart à platines espagnoles, quelques montures italiennes.

102 à 107. Anciens fusils espagnols, à crosses arquées, plus ou moins ornés.

108 à 114. Fusils turcs, beaux canons, la plupart fort longs, platines à l'espagnole, fûts la plupart très ornés.

*Second rang, vers le mur.*

1. Un très beau petit fusil dont la platine réunit les deux mécanismes, celui du rouet et celui à silex ; la tête du chien du rouet servant de batterie pour le chien à silex ; contre-platine, sous-garde et plaque de couche en fer découpé d'un beau travail.

2 à 6. Anciens fusils avec platines à silex de première origine.

7. Une ancienne carabine, fût chargé d'incrustations en ivoire, platine à silex, substituée à celle à rouet.

8 à 9. Anciens fusils de très gros calibre, platines à silex anciennes.

10. Ancien fusil, long canon, crosse arquée à l'espagnole, ancienne platine à silex.

11. Ancien petit fusil à trois canons fort courts, platine ancienne (incomplet).

12 à 15. Petites espingoles de voiture, avec ou sans baïonnettes.

16 à 17. Petits fusils de botte, se chargeant au tonnerre, à crosse brisée.

18. Très petit fusil de voiture, à crosse brisée, jolis ornemens.

19. Fusil français, à canne et à crosse brisée.

20. Carabine allemande courte se chargeant au tonnerre au moyen d'un dé, sous-garde en bois.

21. Carabine allemande courte de très fort calibre, canon avec ornemens dorés.

22 à 23. Une paire de petites carabines, canons à pans brunis, les garnitures en cuivre ciselées.

24. Petite carabine allemande, canon à pan, avec ornemens gravés aux bouts et au milieu; platine sculptée, garniture en cuivre.

25. Petite carabine allemande, calibre très petit.

26 à 31. Carabines allemandes de chasse.

32 à 34. Fusils de chasse allemands. Les deux derniers portent sur le canon le nom de *Lazarino*.

35. Ancien fusil à deux coups, canon dessus et dessous tournans.

36. Ancien fusil à deux canons simplement accolés, non brasés.

37 à 44. Fusils de chasse allemands de différentes fabriques.

45. Espingole, canon bronzé, gueule ovale, tringle de mousqueton.

46 à 54. Fusils de chasse allemands, plusieurs canons d'Espagne.

55 à 62. Fusils de chasse allemands, sous-gardes en bois.

63 à 85. Fusils de chasse de différens pays.

86 à 95. Fusils d'infanterie étrangère, plus ou moins dégradés.

## 3°. TABLES DE LA MÊME GALERIE.

### *Première table.*

1. Modèle d'usines et machines pour une manufacture d'armes blanches : il a été exécuté par M. Goupil, capitaine d'artillerie, à l'appui d'un projet pour la manufacture de Châtellerault.

2. Modèle, à l'échelle de $\frac{1}{8}$, du râtelier espagnol mobile, pour 300 fusils.

3. Modèle, à l'échelle de $\frac{1}{4}$, d'une travée du râtelier simple de la grande salle d'armes de Metz.

4. Modèle de râtelier semblable à celui du n° 2.

5. Fardier Allemand ; sa voiture à quatre roues ; ses brancards à coulisses ; son treuil, son cabestan et sa grue.

6. Modèle, à l'échelle de $\frac{1}{4}$, de la forerie horizontale de la fonderie de Strasbourg.

7. Modèle de traîneau à rouleaux.

8. Modèle de machine à arrondir les tourillons.

9. Modèle de forerie verticale.

10. Modèle de machine à arrondir les tourillons; semblable au n° 8.

11. Modèle de chevalet, servant à mettre les grains de lumière. 1813; par M. *Parisot*, actuellement chef de bataillon d'artillerie.

12. Modèle de machine à arrondir les tourillons.

13. Modèle de traîneau à crochets.

14. Modèle de machine à aléser.

15. Modèle d'usines pour une manufacture d'armes portatives à feu : fait à l'appui d'un projet de la manufacture de Tulle.

*Deuxième table.*

1. Un modèle de grue double ou à deux ranchers, portée sur un pied à quatre roulettes ; volant, treuil et vis sans fin.

2. Modèle de cabestan ; échelle de un quart.

3. Modèle de chèvre ordinaire pour les places ; même échelle.

4. Modèle de chèvre brisée, pour la campagne ; même échelle.

5. Modèle de chèvre de place ; le treuil est porté sur le pied de chèvre, et il est mu par deux manivelles portant des pignons qui engrènent avec deux grandes roues dentées, fixées aux extrémités du treuil ; inventée et exécutée par M. *Arranger*, sergent-major d'ouvriers d'artillerie.

6. Modèle de traîneau à roulettes ; petite échelle.

7. Modèle de traîneau à rouleaux ; échelle d'un quart.

8. Modèle de vindas ; même échelle.

9 à 10. Modèles de cabestan et de vindas ; très petite échelle.

11. Modèle de grue à vis, proposée par M. le chef de bataillon *Parisot*. Juillet 1813.

12. Petite grue à cabestan.

13. Modèle de grue à double rouleau, pour élever les fardeaux à une petite hauteur.

*Troisième table.*

1. Pièce sur affût, offerte à Louis XIV par la province de Franche-Comté, après la conquête de 1674. La pièce est dorée et chargée d'ornemens ciselés ; les garnitures de l'affût sont en cuivre doré.

2 à 4. Trois nécessaires de pistolets de combat, de la manufacture de Versailles.

5. Plusieurs modèles de coulevrines et de canons sans affûts ou avec affûts ; sans proportions.

6. Un grand tableau suspendu au mur, au-dessus de cette table, rassemblant un grand nombre d'armes ou autres objets combinés avec le pistolet ; savoir : épée, poignards, masse d'arme, hache d'arme, fouets de poste, parasol, clef de serrure, livre, hallebardes, cannes portant pistolet.

*Quatrième table.*

1. Modèle de table à plier les tôles pour couvert de caisson.

2. Tire-fusée à cric, garni en cuivre ; boulons à écrous ; par Merklein, directeur de l'ancien atelier de précision. An 12.

*Nota.* Désormais, pour abréger, on désignera par *A. A. d. P.*, l'ancien atelier de précision ; et par *A. d. P.* le nouvel atelier de précision qui est en activité depuis 1816.

3. Modèle de table à plier les anneaux carrés de manœuvre, etc.

4. Modèle de table à plier les susbandes.

5. Tire-fusée, nouveau modèle, *A. d. P.*

6. Petit modèle de tire-fusée à tenailles.

7. Machine pour mouler l'œil des projectiles creux, quand on veut qu'il soit à vis ; proposée par M. *Pion*, chef de bataillon d'artillerie.

8. Autre appareil, pour le même objet ; par M. le chef de bataillon *Parisot*.

9. Plusieurs modèles de fusées métalliques.

10. Modèle d'une table à plier les tôles pour dessus de coffret.

11. Tenaille à cric (partie d'une machine dépareillée).

12. Modèle du tire-fusée n° 5, inventé et proposé par M. *Parisot*.

13. Ancien tire-fusée à vis.

14. Grand tire-fusée à cric, garni en fer ; boulons à clavettes ; par Merklein. *A. A. d. P.*

15. Modèle de table à plier les susbandes ; par *Clouet*, sergent d'ouvriers.

16. Autre modèle de table à plier les susbandes.

17. Grand tire-fusée de sûreté ; par M. le chef de bataillon *Parisot. A. d. P.*

19. Table à plier les susbandes.

### *Cinquième table.*

1. Petit modèle de machine à tailler les limes.

2. Modèle de mouton à bras.

3. Modèle de balancier à découper les rosettes.

4. Machine à tailler les limes.

5. Modèle d'un établi à mâchoires doubles, pour serrer les corps cylindriques.

6. Modèle d'un châssis servant à enrayer les roues.

7. Boîte contenant les modèles de tous les

clous employés dans l'artillerie; par le capitaine *Sylvi*. 1810.

8. Boîte contenant les modèles d'outils pour la fabrication des clous de la marine.

9. Modèle d'un petit chantier à tourner les moyeux.

10. Modèle d'un treuil horizontal.

11. Modèle d'un mouton à découper les rosettes. Le mécanisme transforme le mouvement continu en mouvement alternatif.

13 à 14. Autres modèles de mouton, pour *idem*. Incomplets.

15. Tour pour arrondir les hampes d'écouvillons et de refouloirs; par M. le capitaine d'artillerie *Marcou*.

*Sixième table.*

1. Modèle de machine à tailler les vis; échelle de 1 sixième.

2. Modèle de *idem;* échelle de 1 quart.

3. Modèle *idem;* petite échelle.

4 à 5. Deux établis appartenant à un modèle incomplet de banc de corderie.

6. Modèle de la corderie à câbles, établie à Rochefort, d'après la méthode de M. *Hubert,* ingénieur de la marine ; exécuté par M. le lieutenant-colonel d'artillerie *Moron.*

*Septième table.*

1. Instrument à couper les jets des balles de plomb sortant du moule.

2. Rabot pour les métaux.

3. Petite hache pour la cavalerie. *A. d. P.*

4. Moule à balles. *A. d. P.*

5. Modèle de gril à rougir les boulets, et d'outils pour le service du tir à boulets rouges.

6. Modèles d'outils servant à la fabrication des boulets ramés.

7. Autre modèle de gril à boulets rouges.

8. Tenaille à couper les jets de balles sortant du moule.

9. Modèle de machine à arrondir les balles de plomb.

10. Petit rabot italien pour les métaux.

11. Outil à couper les goupilles.

12 à 15. Poinçons à imprimer des lettres

sur les métaux , et matrices à faire les contre-poinçons. *A. d. P.*

16. Machine à diviser les règles en parties égales.

*Huitième table.*

1. Grande filière à coussinets, pour tarauder les vis de pointage ; par M. le chef de bataillon *Parisot*, 1811.

2. Grande filière à coussinets simples ; *Dumier* et *Bergeron*, 1795.

3. Un grand tourne à gauche.

4. Une autre grande filière.

5. Assortiment de coussinets pour les filières n.os 2 et 4.

6. Assortiment de tarauds correspondans.

7 à 8. Deux petites filières à coussinets simples.

9 à 10. Deux vilebrequins à fraiser.

11. Outil à roder les têtes de vis en dessus et en dessous.

12 à 13. Deux pinces à vis.

14. Un foret dans sa boîte.

15 à 17. Trois mordaches, pour ployer les viroles de baïonnette.

18 à 19. Deux petites tenailles à chanfrein.

4°. SUR LE PARQUET, SOUS LES PORTE-CROSSES DU RATELIER.

1. Un modèle de grue roulante; échelle de 1 sixième; de l'arsenal de Metz.

2. Modèle de la grue roulante, de l'équipage de ponts; échelle de 1 quart.

3 à 4. Modèles de triqueballes à cric et à vis sans fin; échelle de 1 sixième.

5 à 6. Modèles de triqueballes : l'un ordinaire, l'autre à vis, du système de *Gribeauval*; échelle de 1 quart.

7 à 9. Affûts de côte, avec leurs pièces, une en bronze, les autres en fer; même échelle.

10. Affût de place, avec sa pièce en bronze; même échelle.

11. Affût de place, à échantignoles, de M. de *Valière* le fils; même échelle.

12. Affût de place, pour obusier; pièce en bois; crosse en fer forgé; roues excentriques;

proposé par M. *Ruty*, professeur aux écoles d'artillerie ; même échelle.

13. Modèle de forge à quatre roues, à deux soufflets, pour rougir les boulets, proposée par le général Éblé ; même échelle.

14 à 15. Modèles de la forge de campagne à quatre roues ; même échelle.

16. Modèle de la forge de campagne à deux roues ; même échelle.

17. Modèle du chariot porte-corps, avec sa pièce en bronze ; même échelle.

18. Modèle du camion ; même échelle.

19. Modèle de la petite charrette ; même échelle.

20 à 21. Modèles de la grande charrette ; même échelle.

22 à 23. Modèles du chariot de division ; même échelle.

24. Pièce à la suédoise, en bronze, avec affût et avant-train ; même échelle.

5°. SUR LE MUR, AU-DESSUS DES TABLES.

1. Deux fusils de rempart à rouet.

2. Un joli fusil portant une arbalète.



1. Casque et cuirasse du cuirassier moderne (du 12ᵉ régiment); sur un socle.

2. Projet de cuirasse molle, composée d'un matelasseau enfermé entre deux cuirs; garnie de ses épaulières et ceinturon; sur le devant du socle.

3. Seize fusils de rempart, platines à silex, français et étrangers.

4. Deux calottes en fer, à branches mobiles, pouvant se ramener à un très petit volume.

5. Deux autres calottes en fer, à mettre sur le chapeau.

6. Trois fourches à croc, hampées, dont le port, par trois sous-officiers de l'ancien régiment *Dauphin*, infanterie, avait été accordé, à titre de récompense pour une action d'éclat, par Louis XIV.

7. Trois lances de lanciers modernes.

8. Un fusil d'abordage à dix canons et deux platines; par *Dubois* de Beaune.

9. Un orgue à six canons.

10. Deux fusils de cible, montés pour être tirés sur une table.

11. Deux grenadiers, ou petits obusiers, avec montures de fusil.

12. Un gros fusil court, large calibre, canon en cuivre, avec sa fourchette de support.

13. Une canne en fer massif.

14. Quatre haches de sapeur.

15. Une petite hache d'abordage.

16. Quatre cognées de charpentier, sans manche.

17. Deux haches ordinaires, sans manche.

18. Une pelle ronde et un louchet, sans manche.

19. Deux pic-hoyaux, sans manche.

20. Deux pics à roc, sans manche.

21. Un pot en tête de sapeur.

# GALERIE N° III.

1°. PREMIÈRE PARTIE DU RATELIER D'ARMES.

Armes à feu, à silex, de guerre (étrangères).

*Premier rang, devant du râtelier.*

1 à 2. Fusils d'infanterie suisse.

3 à 5. Fusils d'infanterie russe.

6 à 13. Fusils d'infanterie prussienne, modèles divers.

14 à 16. Fusils portugais, de guerre; deux modèles différens.

17 à 18. Deux fusils piémontais, de guerre.

19 à 26. Fusils hollandais, de guerre; modèles divers.

27 à 44. Fusils d'infanterie espagnole.

45 à 61. Fusils d'infanterie autrichienne.

62 à 80. Fusils anglais, de guerre; modèles divers.

81 à 83. Fusils d'infanterie hanovrienne.

84. Carabine portant un sabre-briquet au lieu de baïonnette, à l'usage de l'infanterie écossaise.

*Second rang, vers le mur.*

1 à 2. Fusils suisses, de guerre.
3 à 6. Fusils d'infanterie russe (défectueux).
7. Fusil prussien (défectueux).
8 à 12. Mousquetons prussiens.
13 à 14. Mousquetons portugais.
15. Carabine portugaise.
16. Fusil piémontais, de guerre.
17 à 21. Fusils d'infanterie hollandaise ( la plupart défectueux ).
22. Fusil d'infanterie espagnole (défectueux).
23 à 28. Fusils de dragons espagnols.
29 à 33. Mousquetons espagnols.
34. Mousqueton italien.
35 à 39. Mousquetons autrichiens.
40 à 55. Carabines autrichiennes, de guerre; divers modèles.
56 à 59. Carabines autrichiennes, à deux canons l'un sur l'autre.

60. Carabine anglaise, de guerre.

61 à 64. Mousquetons anglais.

65 à 70. Mousquetons français dépareillés fusils de traite, et fusils étrangers; modèle inconnus.

2°. ARMOIRE VITRÉE DE LA MÊME GALERIE.

*Corps d'armoire de gauche.*

1. Un beau canon de fusil, en fil de fe roulé et brasé; tonnerre à pans; par *Torquat Tasso*. Ferrare, 1825.

2. Un canon de fusil, en fer roulé en spiral et brisé.

3 à 4. Une paire d'anciens pistolets de ceinture, écossais; poignées en argent.

5 à 6. Une paire de pistolets anglais.

7 à 8. Une paire de pistolets-espingoles d la manufacture de Versailles.

9 à 10. Une paire d'anciens pistolets, poignées en bois d'ébène, calottes en argent.

11 à 12. Une paire de pistolets, poignées er argent ciselé.

13. Un petit pistolet à quatre coups tournans, poignée en acier.

14 à 15. Une paire de pistolets à sept canons
en cuivre, poignées en bois, garnitures en
cuivre.

16 à 17. Une paire de pistolets de poche à
l'écossaise, de la manufacture de Versailles.

18. Un pistolet anglais, de poche, poignée
ornée de filigranes d'acier.

19 à 20. Une paire de petits pistolets de la
manufacture de Versailles.

21 à 22. Une autre paire de pistolets de la
même manufacture.

23. Un petit modèle, à l'échelle de 1 quart,
du fusil d'infanterie française; modèle de 1763,
par *Cassan*, à Charleville.

24. Un petit modèle, à l'échelle de 1 cinquième, du fusil modèle de 1822, par M. *Jail-
let*, contrôleur d'armes à la Martinique.

25. Un beau fusil, par l'*Hollandais*, à Paris; le fût couvert de filigranes d'argent.

26. Un superbe fusil à vingt-quatre coups
par un seul canon, inventé et exécuté par
*Bouillet*, arquebusier de Saint-Étienne, en 1767,

6

présenté au roi Louis XV, et acquis par ce monarque; c'est pourquoi on l'appelle le *fusil de Louis XV*.

27. Un fusil à quatre coups, avec quatre platines, par *Régnier*.

28 à 29. Une belle paire de pistolets à réservoir et à robinets.

30. Une belle carabine de la manufacture de Versailles.

31. Un beau fusil à quatre canons tournans, par *Deschaseaux*.

32. Un beau fusil, par les *frères Laroche*, à Paris; crosse ornée de filigranes d'argent.

33. Un très beau fusil, par *Le Couvreux*, à Paris; crosse bordée d'ornemens en argent, d'un beau travail.

*Corps du milieu.*

1 à 2. Poignards turcs, de ceinture; lames en damas; manches d'ivoire, garnis en argent.

3. Beau poignard persan, lame de damas; poignée en jade, façonnée en tête de cheval.

4. Beau poignard turc, lame de damas;

poignée en agate onyx, avec ornemens en émail vert.

5. Beau poignard turc, lame de damas, poignée en cristal de roche.

6. Beau poignard turc, lame de damas, poignée en jaspe sculpté, d'un beau travail.

7 à 8. Deux chryts malais, poignées damasquinées.

9 à 10. Deux poignards du Thibet, poignées formées par des pagodes, l'une en cuivre, l'autre en bois ; une des lames est chargée de caractères chinois en or.

11. Carquois d'un maître d'hôtel du sérail, contenant trois couteaux, deux grands et un petit ; lames de damas, manches en dent d'hippopotame ; le corps du carquois en vermeil, repercé et orné de pierreries.

12 à 13. Deux beaux grands fusils turcs, canons damassés et damasquinés en or, platines à l'espagnole, crosses en bois de couleur, riche garniture en vermeil et pierreries, plaques de couche en ivoire africain d'une forte épaisseur.

14 à 15. Deux candjiars turcs, lames damas-

sées, poignées et fourreaux garnis en argent relevé en bosse et ciselé.

16. Une magnifique poire à poudre, en forme de pipe, garnie de pierreries montées sur vermeil.

17 à 18. Petit couteau de sultane, avec le fourreau ; lame de Damas, avec des caractères arabes en or ; manche en ivoire garni de pierreries ; le fourreau garni de turquoises.

19 à 20. Candjiar turc et son fourreau, lame damassée, poignée garnie de grains de corail ; le fourreau en argent, garni aussi de corail.

21 à 22. Deux sabres turcs, poignées et fourreaux garnis en argent relevé et ciselé.

23. Un riche carquois asiatique, contenant des flèches. Le carquois est couvert en velours vert parsemé d'ornemens brodés en feuilles de vermeil, avec pierreries et entourage de perles.

*Corps de gauche.*

1 à 2. Une paire de pistolets anglais, à deux coups.

3 à 4. Trompettes d'honneur, décernées sous le dernier gouvernement.

5 à 6. Une paire de pistolets-espingoles de la manufacture de Versailles.

7 à 8. Une paire de pistolets de luxe, à deux canons, belle garniture en argent.

9 à 10. Une paire de pistolets d'honneur, décernés sous le dernier gouvernement.

11 à 12. Une paire de pistolets à deux canons tournans; poignées en ivoire, terminées en têtes coiffées à la turque. Les platines portent : *Aquisgrani.*

13 à 14. Très beaux pistolets, par *Jean Reynié*, à Paris.

15. Un magnifique fusil, garni en or et enrichi de pierres précieuses, du plus beau travail. Sur la platine, on lit : *F. Tomson et Zoonen, te Rotterdam.*

16 à 17. Une superbe paire de pistolets, montés en or et garnis de roses et autres pierres précieuses. Ces pistolets, et le fusil numéro précédent, armes à l'usage des Orientaux, ont été placés au Musée par ordre de Son Exc. le ministre de la guerre, à qui ils avaient été cédés par Son Exc. le ministre des affaires étrangères. 1824.

18. Un beau fusil, donné par S. M. le roi de Prusse au maréchal duc de Feltre, qui en a fait don au Musée.

19. Un fusil portugais, à platine couverte.

20 à 21. Une paire d'espingoles de la manufacture de Versailles.

22 à 23. Une paire de beaux pistolets de combat, de la même manufacture.

3°. SECONDE PARTIE DU RATELIER D'ARMES DE LA MÊME GALERIE.

Armes françaises de guerre.

*Premier rang, sur le devant.*

1 à 2. Fusils de *Julien Leroy*, premier et second modèles ; canon se chargeant au tonnerre, platine de percussion.

3 à 5. Projets de fusils d'infanterie, à platine de percussion.

6 à 15. Divers projets relatifs au fusil d'infanterie, proposés par différens arquebusiers.

16. Petit fusil des élèves de l'ancienne école royale militaire.

17 à 18. Fusils d'infanterie, modèle de 1746.

19 à 22. Fusils d'infanterie, modèle de 1754.

23 à 25. Fusils d'infanterie, modèle de 1763.

26 à 28. Fusils d'infanterie, modèle de 1766.

29 à 32. Fusils d'infanterie, modèle de 1773.

33 à 36. Fusils d'infanterie, modèle de 1774.

37 à 41. Fusils d'infanterie, modèle de 1777.

42. Fusil d'infanterie, modèle de 1777, qui a tiré 10,000 coups; canon bronzé; manufacture de Saint-Étienne.

43. Fusil d'infanterie, même modèle, qui a tiré 22,281 coups; canon bronzé; manufacture de Saint-Étienne.

44 à 55. Fusils d'infanterie, modèle de 1777, successivement corrigé ou modifié depuis 1794 à 1805.

56 à 61. Projets de fusils, préparatoires au modèle de 1816.

62. Fusil d'artillerie, modèle de 1816.

63 à 64. Fusils d'infanterie de ligne et de voltigeurs, modèle de 1816.

65 à 70. Projets préparatoires au modèle de 1822.

71. Fusil d'artillerie, modèle de 1822.

72 à 73. Fusils d'infanterie de ligne et de voltigeurs, modèle de 1822.

74. Fusil de grenadier de la ci-devant garde.

75. Fusil des gardes du directoire.

76 à 77. Fusils des Cent-Suisses. Le premier est des anciens Cent-Suisses.

78. Projets de fusils pour les gardes du corps; par M. *Régnier*.

79 à 80. Fusils des gardes du corps; modèle de 1814.

81. Fusil des gardes du corps, dernier modèle, canon bruni, couvre-bassinet tournant; pièce de pouce en cuivre, portant trois fleurs de lis.

82 à 83. Fusils de récompense, à décerner par le roi; garnitures en argent.

84. Fusil d'honneur, garniture en argent; couvre-bassinet tournant (du dernier gouvernement ).

*Second rang, vers le mur.*

1. Mousqueton à platine de percussion; pro-

jet de M. de Châteaubrun, officier supérieur de l'artillerie de la garde royale.

2. Mousqueton français, avec une grande baïonnette à sabre.

3 à 7. Carabines de voltigeurs, canon bronzé, garnitures en cuivre, de la manufacture de Versailles.

8 à 9. Carabines de voltigeurs, de la manufacture de Charleville.

10 à 16. Carabines rayées, de la manufacture de Versailles.

17 à 20. Carabines françaises, de la manufacture de Versailles.

21 à 30. Mousquetons carabinés, de la manufacture de Versailles.

31 à 33. Mousquetons allongés, fabriqués pendant la révolution.

34. Projet de carabine.

35 à 36. Mousquetons de maréchaussée, modèle de 1770, sans tringle.

37 à 38. Mousquetons, modèle de 1763.

39 à 44. Mousquetons, modèle de 1777.

45 à 47. Mousquetons, modèle de 1786.

48 à 49. Mousquetons de la garde du directoire.

7

- 5o à 54. Mousquetons de l'an 9, et leurs modifications postérieures.

55 à 6o. Projets de mousquetons préparatoires au modèle de 1816.

61 à 68. Mousquetons de cavalerie légère, modèle de 1816, de différentes manufactures.

69 à 70. Mousquetons d'honneur, garnitures en argent. (Du dernier gouvernement.)

4°. SUR LE PARQUET, SOUS LES PORTE-CROSSES DU RATELIER.

2 à 8. Modèles de caissons de différentes espèces, à l'échelle du quart.

9. Obusier de 24, en bronze, sur affût et avant-train; même échelle.

10 à 11. Obusier de 6 pouces, en bronze; affût et avant-train; même échelle.

12. Obusier de 8 pouces, en bronze; affût et avant-train; même échelle.

13. Pièce de 4, de campagne, en bronze; affût et avant-train; même échelle.

14. Pièce de 4, de siége, en bronze; affût, sans avant-train; même échelle.

15. Pièce de 8, de siége, en bronze; affût, sans avant-train; même échelle.

16. Pièce de 12, de siége, en bronze; affût, sans avant-train; même échelle.

17. Pièce de 16, de siége, en bronze; affût à limonière; même échelle.

18. Pièce de 24, de siége, en bronze; affût à limonière; même échelle.

5°. TABLES DE LA MÊME GALERIE.

*Première table.*

1. Modèle d'affût de place, en fer forgé, avec son châssis, même matière; projet proposé par le général *Éblé*.

2. Modèle d'affût de place, avec sa plate-forme; par M. le chef de bataillon *Parisot*.

3. Modèle en bois d'affût de place à bascule, élevant, par un contre-poids, la pièce au-dessus d'un parapet sans embrasure; par M. *Boitias*, ingénieur.

4. Modèle d'affût propre à élever la pièce

au-dessus du parapet; par M. *Gontaut de Canolle*. 1813.

5. Projet d'affût de place, à roues excentriques, fixées sur un essieu tournant sous les flasques; par M. *Perimhoff*, chef de bataillon de pontoniers. 1813.

6. Roue à deux moyeux, avec son essieu, le tout en bois; par le capitaine *Silvy*.

7. Roue à deux moyeux, la roue en fer, les moyeux en cuivre, proposée par M. le professeur *Ruty*.

8. Projet de pièce portant des roulettes aux tourillons et au bouton de culasse, sur un châssis; le tout en bois. Proposé par M. le général *Gassendi*.

9. Modèle d'affût, pour places et côtes; roues et flasques en fer; par M. le professeur *Ruty*.

10. Autre modèle d'affût de place, à un seul flasque en fer; roues en fer, et plate-forme en bois; par le même professeur *Ruty*.

11. Modèle d'affût de place; deux grandes roulettes en cuivre sur le devant, réunies par

un essieu beaucoup au-dessous du corps d'affût ; petite roulette derrière.

12. Affût de place, portant un mécanisme à cric qui permet de pointer la pièce sous les plus grands angles.

13. Affût de place et de côte ; deux roulettes sur le devant ; une roulette derrière, qui s'élève et s'abaisse au moyen d'un levier ; par le capitaine *Bourdin*.

14. Projet d'affût de place ; par M. le colonel *Menici*.

15. Projet d'affût de place ; par le général *Lacombe Saint-Michel :* c'est l'affût du n° précédent, avec des roulettes de devant un peu plus grandes, et un avant-train à roulettes.

16. Projet d'affût de place avec son châssis ; par M. *Wolfhugel*, capitaine de pontoniers. 1811.

17 à 20. Modèles d'affûts de place, du système de *Gribeauval*, avec leurs châssis ; quelques-uns sont à grande roulette de derrière ; deux portent des pièces en fer.

*Deuxième table.*

1. Modèle de mortier de 10 pouces, à la *Go-mer*, avec vis de pointage sous le ventre, dans l'entretoise de devant.

2. Modèle de mortier de 10 pouces, chambre cylindrique, vis de pointage et semelle sur le devant.

3. Modèle de mortier sur affût en bois, avec vis de pointage sur le devant, et rouleau mobile, pour faciliter la remise en batterie.

4. Modèle de mortier, de forte proportion; par *Bouquero* : l'affût est en bronze, et porte en dedans une vis de pointage qui agit sur une oreille ménagée dans la fonte au ventre du mortier.

5. Modèle, à l'échelle de 1 sixième, de mortier de 10 pouces à la *Gomer*, avec l'appareil à la *Bouquero*, pour pointer.

6. Modèle de *idem*, même appareil, même échelle.

7. Mortier à la *Gomer*, appareil de *Bouquero*, affût en fer.

8. Mortier sur semelle, avec roulettes adap-

tées à la semelle, le tout en cuivre; par l'adjudant-général *Mayer*. 1811.

9. Mortier peu différent du précédent ; par
le même, 1813 ; le tout en bois.

10. Projet de mortier, deux roulettes sous la
semelle ; par le sieur *Mazeline*, serrurier du
Hâvre. 1812.

11. Modèle en bois, semblable au précédent ;
plus une semelle différente qui peut être mue
par deux leviers à roulettes ; par le même.

12. Modèle d'affût de mortier ; par M. le
colonel *Menici*. 1808.

13. Modèle d'affût de mortier, vis de pointage en arrière ; en bois.

14. Modèle d'affût de mortier, vis de pointage et semelle en avant ; en bois.

15. Modèle de mortier sur affût, avec treuil
sur le derrière, et sextans fixés aux côtés du mortier, pour faciliter le pointement ; le tout en bois.

16. Modèle de mortier sur affût, avec cabestan sur le derrière ; le tout en bois.

17. Modèle de mortier avec affût sur un
châssis ; par M. le capitaine de pontoniers
*Wolfhugel*. 1811.

18. Modèle d'éprouvette-mortier, sans plateau (projet).

19 à 20. Deux petits modèles de brouettes à bombes.

21. Un petit modèle de civière à bras.

*Troisième table.*

1. Modèle de pierrier de 15 pouces, sur affût en fer, grande échelle; *Dartein à Strasbourg.*

2. Petit pierrier en bronze, sur affût en fer; *Bérenger à Douai.* 1776.

3. Modèle de mortier de 10 pouces, sur affût en bronze, grande échelle; *Dartein.*

4. Modèle de mortier de 10 pouces, sur affût en bronze; échelle de 1 huitième.

5. Modèle, sur une grande échelle, de mortier sur affût, l'un et l'autre en bronze.

6. Modèle de mortier de 12 pouces, sur affût en bronze; échelle de 1 huitième.

7. Modèle de mortier sur affût en bronze; sans proportion.

8. Modèle de mortier de 8 pouces, sur affût en bronze; échelle de 1 huitième.

9. Modèle de mortier de 12 pouces, sur af-fût en bronze; grande échelle.

10. Modèle de pierrier de 15 pouces, sur affût en bois; petite échelle.

11. Modèle de mortier, sur affût en fer, sans proportion.

12. Modèle du pétard français.

13. Un modèle de pétard étranger.

14. Un modèle de mortier de 12 pouces, sans affût.

15. Modèle de mortier-bilboquet, du général *La Martillière*, sans affût.

16. Modèle du mortier de 10 pouces, grande portéc, sans affût.

17. Modèle de mortier à la *Gomer*, de 10 pouces, grande portée, sans affût.

18. Modèle de mortier à la *Gomer*, de 12 pouces, sans affût.

19. Modèle de mortier à la *Gomer*, de 10 pouces, en fer fondu, sans affût.

20. Obusier chargé d'ornemens ciselés; par *Jean Maritz;* sans affût.

21. Obusier d'une forte proportion, sans affût.

22 à 24. Modèles d'obusiers de 8 pouces, échelle de 1 sixième.

*Quatrième table.*

1 à 2. Modèle de l'affût-traîneau, pour la guerre de montagne.

3. Projet de canon qui peut être tiré sur son avant-train, proposé par le général *Éblé*.

4. Modèle de pièce dite à la *Rostaing*, sur son affût, pièce en bronze; échelle de 1 quart.

5. Petit équipage d'artillerie de montagne, pièce en bronze, affût, trois bâts et deux caisses à munitions; par M. le général *Laurent*.

6. Projet d'affût de campagne, un seul flasque en fer forgé, fusées d'essieux cylindriques, roues d'écuanteurs différentes; ce qui permet de faire varier la voie de la voiture; par le même général.

7. Projet de pièce de montagne, affût à flas-que en forme de brancards; pièces en bois.

8. Projet du sieur *Guillaume* pour faire ser-

vir, par un seul homme, une pièce de canon ; modèle incomplet.

9. Modèle du petit obusier russe dit *licorne ;* pièce en bronze.

10. Leviers brisés pour le transport des pièces de montagne.

### Cinquième table.

1. Modèle de caisson à grand tournant, proposé par le général *Dorssener ;* échelle de 1 sixième.

2. Modèle de caisson, par M. *Berre ,* capitaine d'ouvriers d'artillerie ; échelle de 1 sixième.

3. Modèle de caisson de 12, même échelle.

4. Modèle de pièce à la *suédoise ,* sur affût et avant-train, pièce en bronze ; même échelle.

5. Modèle de caisson d'obus, par M. *Lenfant ,* capitaine d'ouvriers d'artillerie ; même échelle.

### Sixième table.

1. Chariot à canons, ou *porte - corps ,* à

grandes roues, avec la pièce en bronze ; échelle de 1 huitième.

2. Ponton en cuivre sur son haquet, même échelle.

3. Pièce de 4, de bataille, sur affût et avant-train ; même échelle.

4. Camion pour le transport des mortiers, affûts de mortiers, etc. ; même échelle.

5. Caisson de 4, avec sa roue de rechange ; même échelle.

6. Chariot de division, même échelle.

7. Haquet à bateau, même échelle.

*Septième table.*

1. Affût de place, de 24, à grande roulette ; échelle de 1 huitième.

2. Triqueballe ordinaire, même échelle.

3. Affût de 24, de siége, avec sa limonière, proposé par le général d'*Aboville ;* même échelle.

4. Charrette à boulets, même échelle.

5. Modèle de forge portative pour la guerre de montagne, même échelle.

6. Affût de 18, de siége, avec sa limonière ; même échelle ; du général d'*Aboville*.

7. Affût de place de 16, grande roulette ; même échelle.

8. Affût de côte, même échelle.

9. Affût de 16, de siége, avec sa limonière ; même échelle ; du général d'*Aboville*.

*Huitième table.*

1. Obusier de 8 pouces, en bronze, sur affût, garnitures en cuivre jaune ; échelle de 1 sixième.

2. Obusier de 6 pouces, en bronze, sur affût, garniture *idem*, échelle *idem*.

3. Caisson *Wurst* de 8, garnitures *idem*, échelle *idem*.

4. Haquet à bateau, garnitures *idem*, échelle *idem*.

5. Charrette à boulets, garnitures *idem*, échelle *idem*.

6. Affût de place, de 16, avec sa pièce en bronze, garnitures *idem*, échelle *idem*.

7. Affût de place, sans pièce, grande rou-

lette, garniture en cuivre jaune ; échelle de 1 sixième.

8. Pièce à la *Rostaing* , en bronze, sur affût, garniture *idem*, échelle *idem*.

9. Pièce de 24 , en bronze, sur affût et avant-train à limonière ; échelle *idem*.

10. Pièce de 16, en bronze, sur affût, sans limonière ; échelle *idem*.

11. Pièce de 12, de bataille, en bronze, sur affût et avant-train ; échelle *idem*.

12. Pièce de 16, en bronze, sur affût, garnitures en cuivre jaune ; échelle *idem*.

13. Pièce de 24, en bronze, sur affût, garnitures *idem ;* échelle *idem*.

6°. ENTRE-DEUX DE CROISÉES DANS LA MÊME GALERIE.

1. Tableau rassemblant des échantillons des états successifs de fabrication par lesquels passe la baïonnette avant d'être reçue.

2. Tableau des états successifs de fabrication de la lame à canon de fusil, de mousqueton ou de pistolet.

3. Tableau des états successifs de fabrication par lesquels passe la lame pour devenir canon fini de fusil, de mousqueton ou de pistolet.

4. Tableau rassemblant plusieurs canons d'armes à feu portatives, qui offrent quelque particularité. Ce sont : canons de canardières, canons à clapet, canons turcs, bouts en tulipe, etc.

5. Tableau des états successifs de fabrication des bois et baguettes d'armes à feu portatives.

6. Tableau des états successifs de fabrication par lesquels passe la platine du modèle de 1816.

7. Tableau rassemblant grand nombre de platines différentes, anciennes et modernes, françaises et étrangères.

8 à 10. Tableaux des états successifs de fabrication par lesquels passent les garnitures des fusil, mousqueton et pistolet du modèle de 1816.

RETOUR ENTRE LES GALERIES N<sup>os</sup> 3 et 4.

*Sur le parquet devant la croisée qui ouvre sur la place Saint-Thomas.*

*La pièce des princes.* Canon en bronze, d'un calibre inférieur au 4, pesant environ 320 livres, monté sur affût et avant-train, avec armemens et coffret; le tout construit à Turin, en 1792, sous les yeux et pour l'instruction des princes français LL. AA. RR. monseigneur le duc d'Angoulême et monseigneur le duc de Berri.

Sur la volée de la pièce, dans un cartouche ciselé, lettres en relief, on lit cette inscription, en style lapidaire :

VICTORIO AMEDEO

PII , GRATI , OBSEQUENTISSIMIQUE

NEPOTES

MONUMENTUM ÆRE PERENNIUS ,

SI QUA FATA ASPERA RUMPANT ,

OLIM FORSAN OBLATURI

ENGOLISMATUM BITURICENSIUMQUE

DUCES,

DUM AUGUSTÆ-TAURINORUM DEGERENT,

PATRIAM FUGIENTES,

IBIQUE ARTIS BELLICÆ RUDIMENTIS

INFORMARENTUR.

REI BELLICO-TORMENTARIÆ PRÆFECTO

A DE SALUCES.

M. DCC. XCII.

# GALERIE Nº IV.

## 1º. PREMIÈRE PARTIE DU RATELIER.

**( Pistolets et armes blanches modernes. )**

*Rang supérieur. — Pistolets.*

1 à 3. Longs pistolets, portant au bout de la poignée une crosse brisée, proposés pour servir de mousquetons.

4 à 9. Pistolets de gendarmerie, modèles de 1763, 1770, et de l'an 9.

10 à 12. Pistolets de gendarmerie, modèle de 1822.

13 à 17. Pistolets de grosse cavalerie, modèle de 1763.

18 à 24. Pistolets de grosse cavalerie, modèles des ans 2 à 9.

25 à 29. Pistolets de marine, dits à la Mandrin, modèle de 1763.

30 à 34. Anciens pistolets des gardes du corps.

35 à 36. Pistolets de gardes du corps, dernier modèle.

37 à 38. Paire de pistolets d'officiers, dernier modèle.

39 à 40. Pistolets sans baguette, projet préparatoire à l'adoption du modèle de 1816.

41. Pistolet enduit d'un vernis jaunâtre, proposé comme propre à empêcher la rouille de s'établir.

42 à 43. Paire de pistolets, avec canons, corps de platines et garnitures en cuivre jaune. Projet.

44 à 45. Pistolets projetés, pour grosse cavalerie, au commencement de la guerre dernière.

46 à 47. Pistolets de cavalerie russe; sur les platines, on lit : *Tyla*.

48 à 53. Pistolets de cavalerie prussienne, longs canons.

54 à 56. Pistolets prussiens, canons plus courts.

57 à 58. Pistolets napolitains, platines à coffre, jointes au canon par une bride longitudinale. Projet.

59 à 65. Pistolets de cavalerie espagnole, modèles divers.

66 à 70. Pistolets de cavalerie autrichienne, modèles divers.

71 à 75. Pistolets de cavalerie anglaise, modèles divers.

76. Pistolet d'arçon, irlandais ; sur le canon : *L'. Alley Dublini fecit.*

77 à 78. Paire de longs pistolets d'arçon, allemands ; sur le canon : *Johan Schieter.*

79 à 80. Paire de très longs pistolets d'arçon, italiens ; canons ciselés et incrustés.

81. Pistolet de gros calibre, se chargeant au tonnerre.

82. Ancien pistolet espagnol, à deux canons tournans ; manque la platine.

83. Ancien et long pistolet, garnitures argentées ; la calotte présente la figure d'une tête d'aigle.

*Rang inférieur. — Pistolets.*

1 à 2. Paire de pistolets, à crosses brisées ; sur les platines : *Delpire, à Paris.*

3 à 4. Paire de pistolets à crosses brisées, à l'usage de la cavalerie suédoise ; donnée par M. *Olivier*, capitaine d'artillerie.

5. Pistolet de cavalerie, monté avec une platine à percussion. Projet.

6 à 28. Pistolets de cavalerie française, modèle de 1816, des différentes manufactures, Mutzig, Maubeuge, Charleville, Saint-Étienne et Tulle.

29 à 30. Paire de petits pistolets de combat, de la manufacture de Versailles ; double détente.

31 à 50. Dix paires de beaux pistolets de la manufacture de Versailles.

51 à 58. Quatre paires de pistolets, de la même manufacture ; un peu plus communs.

59 à 60. Deux pistolets, de la même manufacture ; dépareillés.

61 à 84. Douze paires de pistolets de la manufacture de Versailles, calottes en argent ; à l'usage des officiers de l'ex-garde.

*Sur les porte-crosses. — Armes blanches.*

1. Sabre de tambour-major, modèle adopté.

2 à 3. Sabres d'officiers de cavalerie française, modèle de 1822.

4 à 5. Sabres de cavalerie, modèle de 1822.

6. Épée d'officier d'état-major, modèle de 1822.

7. Épée d'officiers, modèle de 1822.

8. Épée de sous-officiers d'artillerie, modèle de 1822.

9. Sabre de sous-officiers d'infanterie, modèle de 1822.

10. Sabre de canonnier, modèle de 1816.

11. Briquet d'infanterie, modèle de 1816.

12. Six sabres de gardes du corps, de diverses époques.

13. Deux sabres de mousquetaires.

14. Une épée de récompense, poignée et garnitures argentées, à décerner par le roi.

15. Un sabre de récompense, poignée et garnitures argentées, à décerner par le roi.

16. Deux modèles de sabres d'honneur pour

la cavalerie, poignées et garnitures en argent.

17. Modèle de sabre d'honneur pour les officiers-généraux.

18. Quatre sabres de formes différentes, que le directoire donnait en récompense aux généraux.

19. Modèle de sabre d'honneur pour officiers d'infanterie.

20. Modèle de briquet d'honneur.

21. Sabre donné par le ministre de la guerre, à la 3$^{me}$ compagnie de la 19$^{me}$ demi-brigade.

22. Trois sabres de gendarmerie, garnis en cuivre doré.

23. Cinq beaux sabres de deuil, de la manufacture de Versailles.

24. Sabre d'officier de chasseurs à cheval, garni en cuivre doré; même manufacture.

25. Deux sabres de cavalerie légère, anciens modèles.

26. Trois sabres de cavalerie, fourreaux tout en fer; anciens modèles.

27. Le sabre des élèves de l'école de Mars.

*Sur la banquette. — Armes blanches.*

1. Une épée d'officier, ancien modèle.

2. Un projet de briquet d'infanterie, poignée et garniture en fer.

3. Cinq briquets d'infanterie, ancien modèle.

4. Trois anciens sabres de canonniers.

5. Trois sabres de sapeurs de l'ex-garde.

6. Neuf sabres de cavalerie, fourreaux en fer; anciens modèles.

7. Trois sabres de dragons, fourreaux en cuir; anciens modèles.

8. Deux autres sabres de dragons, poignées sans coquilles; anciens modèles.

9. Deux autres sabres de dragons, poignées avec coquilles; plus ancien modèle.

10. Deux sabres de gendarmes, ancien modèle.

11. Quatre sabres, fourreaux en cuir; armes étrangères.

12. Trois sabres, fourreaux en fer; de cavalerie autrichienne.

13. Trois sabres, fourreaux en fer, de hussards anglais.

*Sur le parquet, sous les porte-crosses.*

1. L'éprouvette d'ordonnance, dernier modèle ; deux globes en cuivre et un tire-fond. *A. d. P.*

2. L'éprouvette-bilboquet, du général *Lamartilière.*

3. Deux projets d'éprouvettes-bilboquets, par M. le lieutenant-colonel d'artillerie *Paixhans.*

4. L'ancienne éprouvette d'ordonnance.
5. Deux bombes de 12 pouces.
6. Trois bombes de 10 pouces.
7. Une bombe de 8 pouces.
8. Un obus de 8 pouces.
9. Un obus de 6 pouces.
10. Un obus, boulet creux du calibre de 24.
11. Deux cylindres ou passe-balles, des calibres de 8 et 12. *A. d. P.*
12. Un boulet plein, du poids de 142 livres,

pour le service de la coulevrine d'*Ehrenbreit-stein.*

13. Les boulets de 48, de 36, de 24, de 18, de 16, de 12, de 8, de 6, de 4 et de 3.

14. Quatre boîtes à réjouissance, en - fer fondu, de dimensions différentes.

15. Deux pièces en bronze, petit calibre, anciennes et d'un assez beau travail.

16. Une très belle pièce en fer forgé, de 5 pieds de longueur, et du calibre de 2 pouces 6 lignes, avec ornemens ciselés et dorés.

2°. ARMOIRE VITRÉE DE LA MÊME GALERIE.

*Corps d'armoire de droite.*

1. Une estocade de 6 pieds de longueur, se repliant, à volonté, en trois, au moyen de deux charnières; poignée en fer ciselé, sur laquelle sont sculptées quatre têtes de Mores.

2. Un grand couteau, manche garni en argent, lame en beau damas noir, chargée de caractères arabes en or.

3. Grand couteau à manche d'ivoire, s'al-

longeant, à volonté, de toute la longueur du manche.

4. Un poignard de ceinture, turc, manche en ébène, uni; fourreau de cuir garni en cuivre, lame de damas.

5. Un poignard sans fourreau, manche d'argent; ornemens en cuivre ciselé.

6. Un *couteau de chasse-baïonnette*, c'est-à-dire qui peut s'adapter comme baïonnette au bout du canon de fusil; fourreau en galuchat, manche et garniture en acier cadrillé.

7. Un poignard de ceinture, turc, lame de damas, poignée en ébène, fourreau en corne, garnitures en argent.

8. Un stylet italien, lame trièdre; poignée en acier ciselé.

9. Un poignard de ceinture, turc, lame de damas, poignée en bois de palixandre, fourreau en cuir chagriné, garni en argent doré.

10. Un couteau de chasse-baïonnette, manche en ébène, garni en argent, ainsi que le fourreau qui est en cuir.

11. Un poignard français, manche en ivoire; fabriqué au *Klingenthal*.

12. Un poignard de ceinture, turc, poignée en jaspe poli, fourreau en fer damasquiné en or.

13. Trois couteaux, un plus grand et deux petits, manches damasquinés, dans une gaîne aussi damasquinée ; du milieu du seizième siècle.

14. Un poignard italien, lame criblée de petits trous ; manche fait d'un cornichon de bois de cerf.

15. Un grand cimeterre, lame de damas, poignée argentée ; le tout pesant 6 kilogrammes ; c'est un des présens des envoyés du roi de *Siam* à Louis XIV, en 1686.

16. Un couteau turc, commun, manche de corne.

17. Un couteau indien, manche ficelé en tresses de soie de diverses couleurs.

18. Un candjiar turc, commun, poignée en bois noir, avec des clous en argent.

19. Un beau couteau de chasse, manche en ivoire, garniture de la garde en or, nacre et cornaline, fourreau garni en découpures d'or ; la lame porte des phrases allemandes.

20. Un poignard indien, poignée recouverte de cuir noir; fourreau en cuir, en forme de spatule, garni en cuivre.

21. Un couteau de chasse, poignée en ivoire, garde en acier ciselé, lame chargée d'orne-mens gravés et dorés; fourreau en cuir, garni en acier.

22. Un poignard indien, lame de damas noir, poignée en verre de couleur incrusté en verre blanc; fourreau garni en cuivre doré.

23. Ancienne baïonnette, dont le fourreau, en cuir bouilli, est remarquable par la netteté et la pureté des ornemens en bas-relief qu'il présente.

24. Un très ancien petit couteau de chasse, poignée damasquinée et ornée de nacre; le fourreau en cuir, qui porte la garde, a aussi des ornemens damasquinés.

25. Un petit couteau de chasse, poignée en argent, avec ciselures et dorures; fourreau en galuchat, garni en argent ciselé et doré.

26. Un joli couteau de chasse, poignée en ébène, garnie en argent ciselé; le fourreau porte un couteau et une fourchette.

27. Un candjiar turc, commun, poignée en ivoire; la lame porte des phrases arabes.

28. Un couteau, lame mince et large ; manche en ivoire, avec ornemens émaillés sur argent.

29. Un couteau de chasse-baïonnette, poignée en ivoire, avec ornemens en argent; fourreau en galuchat, garni en argent.

3o. Un poignard indien, lame découpée à jour; manche en ivoire.

31. Un poignard indien, manche en ébène; garnitures du fourreau en cuivre, couvertes d'ornemens en argent.

32. Un couteau de chasse-baïonnette, poignée en ébène; garnitures en argent, de la poignée et du fourreau qui est en galuchat.

33. Une ancienne petite hache de sacrifice; manche en fer damasquiné en or.

34. Deux couteaux à manches d'ivoire très bien sculptés, dans un étui couvert en maroquin rouge, semé de fleurs de lis sans nombre; le couvercle manque.

35. Un poignard malais, lame ondulée; poignée en bois sculpté.

36. Un poignard malais, lame droite; poignée en bois, sculptée en pagode.

37. Un poignard malais, lame ondoyante; poignée droite et arrondie, en bois de prunier.

38. Un poignard malais, lame flamboyante; poignée en bois, façonnée en pagode.

39. Une ancienne hache de sacrifice, dans un étui en bois, avec crochet de ceinture.

40. Un candjiar turc, commun; poignée en ivoire.

41. Un candjiar turc, commun; poignée en corne.

42. Un long candjiar turc, commun; poignée en corne.

43. Un grand couteau de chasse, poignée en ébène, garnie en argent; fourreau en cuir, belière en argent.

44: Un couteau, lame étroite, avec dos denté en scie, poignée comme celle d'un couteau de chasse; garniture en argent à la poignée et au fourreau.

45. Un grand couteau de chasse, poignée en nacre, garnie en argent; fourreau en cuir, garni en cuivre argenté.

46. Un ancien poignard dans une gaîne d'é-
bène, garnie de nacre et d'ivoire; manche en
cuivre, ficelé en soie noire.

47. Une masse d'armes, de Mameluck; manche en cuivre cannelé.

48. Un yatagan, de Mameluck; poignée et
garniture du fourreau en argent, ciselé et relevé en bosse.

49. Une hache d'armes, de Mameluck;
manche en bois, garniture en cuivre.

50. Un poignard à mettre dans une canne;
manche de bambou, garni en acier.

51. Un grand couteau de chasse, manche
d'ivoire, garni en argent; fourreau en galuchat blanc, garni en argent.

52. Une épée d'enfant; la forme est celle
des épées du règne de Louis XIV.

53. Un grand couteau de chasse, manche en
ivoire, garde et coquille en argent; fourreau
en cuir noir, garni en argent.

54. Un long candjiar turc, commun; manche en corne, semé de clous en cuivre.

*Corps d'armoire du milieu.*

1. Un baudrier de marine, en maroquin noir; bordure à la grecque, brodée en or.

2. Un baudrier, *idem.*

3. Un ceinturon d'officier de marine, couvert d'ornemens brodés en or sur drap noir.

4. Un ceinturon, chargé d'ornemens brodés en argent sur maroquin noir.

5. Un baudrier de marine, en maroquin noir; bordure à la grecque, brodée en or.

6. Un baudrier, *idem.*

7. Un ceinturon de sabre, maroquin vert et broderies en or.

8. Un ceinturon de sabre, maroquin vert-foncé; broderies en argent.

9. Un ceinturon de sabre, maroquin noir; broderies en or.

10. Une trompette d'honneur, décernée par le dernier gouvernement.

11. Une canne à épée, belle poignée en acier ciselé.

12. Une ancienne épée de cour; poignée ciselée et dorée; fourreau en galuchat noir.

13 à 14. Deux anciennes épées de cour, poignées ciselées et dorées; fourreaux en galuchat blanc.

15. Une ancienne épée de cour; poignée en ivoire richement sculptée.

16. Une ancienne épée de cour; poignée en argent ciselé; fourreau en cuir noir, garni en argent ciselé.

17. Une ancienne épée de cour; poignée ciselée et dorée; fourreau en galuchat blanc.

18. Une épée de cour, poignée en acier ciselé; fourreau en galuchat blanc.

19. Le modèle en cuivre de la poignée du sabre de canonnier.

20 à 21. Le modèle et l'étui du bâton de maréchal de France.

22. L'épée du maréchal de France; manche en nacre, pommeau et garde en cuivre, richement ciselés et dorés; fourreau en velours blanc, semé de fleurs de lis, brodées en or, avec garnitures en cuivre, ciselées et dorées.

23. L'étui de l'épée du maréchal.

24. Une épée sans poignée, lame semée de fleurs de lis; fourreau en galuchat blanc, avec une garniture enrichie de pierreries, dans un étui en galuchat ( de l'ancien garde-meuble ).

25. Un sabre de général de division de cavalerie, avec le ceinturon richement brodé en argent, sur drap écarlate; en usage sous le gouvernement directorial.

26. Une grenade d'honneur, en forme de losange, donnée par le même gouvernement.

27. Une épée de général en chef, poignée en ébène, pommeau et garde en cuivre ciselé et doré; fourreau en acier bruni, avec garnitures en cuivre ciselé et doré; suspendue à un baudrier richement brodé en or sur drap blanc; en usage sous le même gouvernement.

28 à 29. Deux grenades d'honneur, de forme carrée, avec angles rabattus; données par le même gouvernement.

3o à 33. Épées d'officiers supérieurs, avec leurs ceinturons en veau blanc, brodés en or; en usage sous le même gouvernement.

*Corps d'armoire de gauche.*

1. Un petit modèle d'une ancienne baliste.

2 à 3. Une paire d'anciens étriers à la turque.

4. Une petite hache d'armes, avec ornemens damasquinés; manche garni en cuivre ciselé et doré.

5. Un petit marteau d'armes, présentant, tête, pic et pince, avec des ornemens gravés.

6. Un petit cor d'ancien chevalier.

7. L'ornement du bas de la tête du cheval, ou muselière antique; une partie en fer, l'autre en cuivre; le tout présentant un travail de découpure d'un grand prix : la pièce porte la date de 1567.

8. Un ancien étrier en fer, sculpté et doré.

9. Un ancien étrier en bois peint.

10. Une masse d'armes très pesante.

11. Une ancienne arbalète dont le fût est chargé d'ornemens en ivoire et nacre, avec le pied de biche pour tendre son arc.

12. Une masse d'armes de connétable; le manche doré et parsemé de fleurs de lis.

13. Un ancien mors de bride.

14. Une masse d'armes, à tête ronde, hérissée de pointes aiguës : l'arme est richement damasquinée en or et en argent.

15. Une ancienne arbalète, fût incrusté d'ivoire; arc chargé d'ornemens gravés, avec le pied de biche pour son service.

16 à 17. Une paire d'anciens éperons, pointes aiguës, sans molettes.

18 à 19. Deux anciens marteaux d'armes, avec crochets de ceinture.

20. Une ancienne arbalète, arc d'acier, fût en ébène joliment sculpté, avec garnitures damasquinées en or. Cette belle arme a été donnée au Musée de l'Artillerie par madame la marquise *de Clermont Tonnerre*, née *Carvoisin*, à qui elle était parvenue d'un de ses ancêtres, *Jean de Carvoisin*, premier écuyer sous François I<sup>er</sup> et sous Henri II, chevalier de l'ordre du roi, capitaine d'une compagnie de cent hommes d'armes, et gouverneur du *Pont-de-l'Arche*.

21 à 22. Une paire d'anciens étriers à la turque.

23. Un éperon antique, remarquable par les dimensions de ses branches et de sa molette.

24. Une ancienne arbalète, fût en ébène, avec quelques incrustations en ivoire.

25. Une ancienne arbalète, fût chargé d'incrustations en ivoire et d'ornemens en filigranes.

*Sous l'armoire, sur le parquet.*

1. Une pyramide contenant quarante-quatre grenades à main.

2. Un superbe mortier en fer forgé ; bassinet, dauphins, moulures, ornés de sculptures et dorures.

3. Une pyramide contenant trente-deux grenades de rempart.

## 3°. SECONDE PARTIE DU RATELIER.

Pistolets et armes blanches anciens.

*Rang inférieur. — Pistolets.*

1 à 2. Paire de pistolets d'arçon, canons tordus, bronzés ; sous-gardes en bois. Sur les platines : *Caspar Lotz, à Teiniz.*

3 à 4. Paire de pistolets, canons damassés, ornemens dorés, garniture en cuivre ciselé et doré. Sur les platines : *Jo. Fruewürth in Wienn.*

5 à 6. Paire de pistolets, garniture en cuivre doré.

7 à 8. Paire de pistolets de combat ; par *Ioh André Kuckenreiter,* de Ratisbonne.

9 à 10. Paire de pistolets, platine à l'espagnole, calottes en argent.

11 à 12. Paire de pistolets, platine à l'espagnole, canons du *Lazarino.*

13 à 14. Paire de pistolets, belles platines à l'espagnole, canons du *Francino.*

15 à 16. Paire de pistolets, platines à l'espagnole , monture allemande, garniture en cuivre.

17 à 18. Paire de pistolets, platines à l'espagnole ; garniture en cuivre ciselé. Sur les platines : *Salieri*.

19 à 20. Paire de pistolets, platines à l'espagnole, canons cannelés et sculptés au tonnerre, calottes découpées à jour, crochets de ceinture. Anciens.

21 à 22. Paire de pistolets, platines à l'espagnole ; fût couvert de feuilles de cuivre en découpures. Anciens.

23 à 24. Paire de pistolets, canons brunis et damasquinés au tonnerre, garnitures en cuivre ciselé et doré. Sur les platines : *Delahaye, Maëstricht.*

25 à 26. Paire de pistolets, canons brunis et damasquinés, platines ciselées ; garnitures en fer gravé et damasquiné.

27. Pistolet, canon portant un médaillon sculpté sur le tonnerre, garniture en fer sculpté. Sur la platine : *Valentin Mari, à Coppenhagen.*

28. Ancien pistolet, tonnerre et platine ciselés, garniture en cuivre ciselé et doré; clous de cuivre semés sur la poignée.

29. Ancien pistolet, canon du *Lazarino*, platine du *Cataneo*.

3o. Ancien pistolet, canon de *Lazaro Lazarino*, platine du *Cataneo*.

31 à 32. Paire de pistolets anciens, canons du *Lazarino*, platines du *Cataneo*.

33 à 34. Paire de pistolets, canons brunis. Sur les canons et platines : *Lamarre*.

35 à 36. Paire de pistolets, canons brunis, fûts incrustés d'ivoire et nacre. Sur les canons et platines : *Liouville, à Paris*.

37 à 38. Paire de pistolets, canons sculptés au tonnerre. Sur les platines : *G. Lasonder, à Utrecht*.

39 à 4o. Paire de pistolets, canons rayés, chien s'arrêtant au repos par un renard. Sur le canon : *Cartie*.

41 à 42. Paire de pistolets, tonnerre et platines gravés, garnitures en cuivre ciselé. Sur les platines : *Georg. Keiser*.

43 à 44. Paire de pistolets, canons brunis et

damasquinés; platines et garnitures aussi damasquinées.

45 à 46. Paire d'anciens pistolets français,
fûts ornés de filigranes d'argent et d'incrustations en nacre.

47. Ancien pistolet turc, monture tout en
fer, crochet de ceinture.

48. Ancien pistolet à trois canons divergens,
platine à l'espagnole.

49 à 50. Paire de pistolets à tambour, à
trois charges, ornemens en damasquinures ré-
pandus sur les canons, tambours et platines;
garnitures en cuivre ciselé.

51 à 52. Paire de pistolets à cinq canons,
garnitures en fer ciselé.

53 à 54. Paire de pistolets à quatre coups,
canons tournans. Sur les platines : *Jean Dubois , à Sedan.*

55 à 56. Paire de pistolets à deux canons
l'un sur l'autre, et à deux platines; garnitures
en fer.

57 à 58. Paire de pistolets à deux canons
tournans. Sur les canons : *Caspar cousen.*

59. Pistolet à deux canons tournans, garnitures en cuivre gravé.

60. Pistolet à deux canons tournans, platine gravée, calotte en fer découpé à jour.

61. Pistolet à deux canons tournans, poignée avec ornemens en filigranes d'ivoire, calotte en fer taillé à facettes.

62. Ancien pistolet à deux canons tournans, platines à l'espagnole, poignée avec ornemens en ivoire et filigranes de cuivre.

63. Pistolet double; le canon inférieur plus court et n'ayant point de saillie hors du fût; une seule platine, mais deux bassinets passant l'un sur l'autre; canons du *Lazarino*; belle garniture en fer ciselé.

64. Ancien pistolet, tonnerre, platine et garniture en fer sculpté et gravé.

65 à 66. Paire d'anciens pistolets, calottes en argent ciselé; par *H. Renier, à Paris*.

67 à 68. Belle paire d'anciens pistolets italiens, garnitures en fer ciselé, canons du *Lazarino*. Sur les platines : *Pietro Picolo*.

69 à 70. Paire d'anciens pistolets italiens,

garnitures en fer ciselé, canons du *Lazarino*. Sur les platines : *Vincenzo Marino*.

71 à 72. Paire d'anciens pistolets italiens, garnitures en fer ciselé, canons du *Lazarino*. Sur les platines : *Diomede, in Brescia*.

73 à 74. Paire d'anciens pistolets italiens, garnitures en fer ciselé, canons de *Gironimo Mutto*, platines à silex de première origine.

75 à 76. Paire d'anciens pistolets italiens, canons du *Lazarino*, platines à silex de première origine, sur lesquelles : *Lodovico Canonale*.

77. Ancien pistolet à réservoir, pour plusieurs coups ; mécanisme incomplet.

78. Joli pistolet italien, à rouet, canon du *Francino*, garniture en acier découpé et ciselé, du plus beau travail.

79 à 80. Paire de pistolets à rouet, fûts tout en fer, poignées terminées en boules qui s'ouvrent à charnières.

81. Ancien pistolet à rouet, canon, platine, fût en fer, couverts de figures gravées ; crochet de ceinture.

82. Ancien pistolet à rouet, italien, avec

ornemens en filigranes d'acier ; crochet de ceinture.

83. Ancien petit pistolet à rouet, fût orné de filigranes en acier.

84. Ancien pistolet à rouet, canon court, épais, et damasquiné en or, ainsi que la platine.

*Rang supérieur. — Pistolets.*

1 à 10. Cinq paires de pistolets à rouet, canons longs, garnitures plus ou moins ornées; rien de métallique dans les bouts de poignées.

11 à 20. Cinq paires de pistolets à rouet, canons longs, garnitures plus ou moins ornées ; un cercle métallique aux bouts de poignées.

21 à 28. Quatre paires de pistolets à rouet, canons longs, garnitures plus ou moins ornées, calottes en fer, à branches, aux bouts de poignées.

29 à 48. Dix paires de pistolets à rouet, canons longs, garnitures plus ou moins ornées, calottes de fer ou de cuivre, sans branches.

49 à 50. Paire de pistolets à rouet, canons longs, calottes en fer ciselé et doré, d'un beau travail.

51 à 52. Paire de pistolets italiens à **rouet**, canons du *Lazarino*, garnitures en acier ciselé.

53 à 54. Paire de pistolets italiens, à rouet, canons gravés le long du tonnerre, fût orné de jolis filigranes en acier ; crochets de ceinture.

55. Joli pistolet italien, à rouet, canon de *Maffeo Badile* ; crochet de ceinture.

56 à 57. Paire d'anciens pistolets français, à rouet, canons longs, poignées terminées par un pommeau allongé, à pans.

58 à 59. Paire d'anciens pistolets français, à rouet, canons ornés de gravures, pommeaux à pans, avec quelques incrustations en ivoire.

60 à 61. Paire d'anciens pistolets français, à rouet, canons très longs, pommeaux à pans ; tout le fût couvert d'ornemens en nacre et filigranes de cuivre doré.

62. Ancien pistolet français, à rouet, canon

très long, poignée terminée par un pommeau ovoïde uni.

63. Ancien pistolet à rouet, à trois canons tournans, pommeau à pans, quelques incrustations en ivoire.

64 à 65. Paire d'anciens pistolets à rouet, canons très longs, bouts de la poignée chanfreinés, fût couvert d'incrustations en nacre.

66 à 67. Paire d'anciens pistolets à rouet, canons très longs, fûts chargés d'ornemens en nacre et ivoire, et filigranes de cuivre doré.

68. Pistolet à rouet, poignée enveloppée d'une crosse de carabine; des incrustations en nacre, ivoire et fil de laiton.

69 à 70. Paire de pistolets à crosses de carabine; tout le fût couvert d'ornemens en ivoire et nacre.

71. Ancien pistolet à rouet, crosse de carabine; tout le fût couvert d'incrustations en ivoire.

72. Ancien pistolet à trois canons, l'un sur l'autre; trois rouets et trois chiens; canons, fûts, platines en fer, couverts d'ornemens gravés.

73. Ancien pistolet à deux canons très longs, l'un sur l'autre ; deux rouets et deux chiens, fût tout en fer ; peu d'ornemens.

74 à 75. Paire d'anciens pistolets à rouet, poignées terminées en boules, fûts incrustés en ivoire ; les canons manquent, et sont remplacés par de faux canons en carton , qui sont eux-mêmes très anciens.

76 à 77. Paire de pistolets à rouet , très beaux canons gravés, pommeaux arrondis, fûts incrustés en ivoire ; sur les canons est la date 1563.

78 à 79. Paire de pistolets à rouet, très beaux canons gravés, pommeaux arrondis; fûts incrustés en ivoire.

80. Long pistolet, ou petit fusil à rouet, fût universellement incrusté d'ivoire , figures grossièrement dessinées, crochet de ceinture.

81. Ancien pistolet, ou plutôt petit fusil, de l'espèce dite *Poitrinal ;* fût incrusté d'ivoire, crochet de ceinture.

82. Pistolet à trois canons et trois platines, portés sur une douille qui s'adaptait sans doute à une hampe ; le tout chargé d'ornemens gravés.

83. Long pistolet à rouet, petit calibre, canon gravé, portant la date de 1547, monture en poignée d'épée.

*Sur le porte-crosse.*

1. Un ancien cimeterre, poignée et garde en fer gravé et doré, lame large et épaisse, avec ornemens gravés et dorés ; d'un côté est gravée une Thémis avec sa balance et son glaive.

2. Un ancien coutelas, lame large, le dos denté en scie ; d'un côté, près de la poignée, sont gravés une montagne, une couronne, un croissant et une étoile, et au-dessus : *Ne movear in terrâ ad dexteram Jehova ;* des deux côtés, dans une gouttière, un grand nombre de caractères connus et inconnus : on croit qu'il vient des Templiers.

3. Un ancien coutelas ou sabre droit, lame épaisse et large, pommeau et garde en fer sculpté et doré.

4 à 7. Quatre très anciennes épées, lames à deux tranchans, fort aiguës, pommeaux pesans

en fer; gardes à deux quillons recourbés vers la pointe.

8 à 9. Deux très anciennes épées, dites *croisées*; lames à deux tranchans, pointes aiguës, pommeaux pesans, gardes à deux quillons non recourbés.

10 à 11. Deux anciennes épées, dites *braquemarts*; lames à deux tranchans, bouts arrondis, pommeaux lourds et quillons droits.

12 à 14. Trois anciennes épées, lames à deux tranchans; les quillons de la garde surmontés d'un simple anneau.

15. Une ancienne épée, lame à deux tranchans, quillons droits et coquille un peu plus compliquée; ornemens gravés le long de l'arête de la lame.

16. Une ancienne épée, lame à deux tranchans, quillons droits et coquille de plusieurs anneaux; pommeau et garde damasquinés en or et en argent.

17. Une ancienne épée, lame étroite, à deux tranchans, portant d'un côté les armes d'un dauphin, et de l'autre celles de *La Tour du Pin*; pommeau et garde ciselés et dorés; at-

tribuée à un des premiers dauphins. Manque un quillon.

18. Une ancienne épée, lame à deux tranchans, coquille compliquée, poignée en fer sculpté; les deux quillons arqués en sens opposés.

19. Une ancienne épée, lame à deux tranchans, quillons droits, coquille avec branche qui vient toucher le pommeau; le tout orné de sculptures et dorures.

20. Une ancienne épée, lame à deux tranchans, poignée avec coquille venant joindre le pommeau, damasquinée en or; attribuée à *Charles-le-Téméraire*.

21. Une ancienne épée, lame à deux tranchans, coquille joignant le pommeau; ornemens en petits carreaux tracés sur toute la poignée.

22. Une ancienne épée, lame à deux tranchans, coquille jointe au pommeau; ornemens en ciselures sur le pommeau et la garde.

23. Une ancienne épée, lame à deux tranchans, de la forme de la précédente; mais les ornemens en ciselure sont dorés.

24. Une ancienne épée, lame à deux tranchans, branches de la coquille sarmenteuses et noueuses, avec des restes de dorure.

25. Une ancienne épée, lame à deux tranchans, coquille avec ornemens ciselés.

26. Une ancienne épée, poignée découpée à jour, et présentant un assemblage de chaînettes à anneaux carrés ; quillons longs et droits.

27. Une ancienne épée, pommeau arrondi, branches de la garde à perles ; le tout damasquiné en or ; quillons longs et droits.

28. Une ancienne épée, poignée chargée d'ornemens damasquinés en or, quillons longs et droits.

29. Une ancienne épée, poignée ciselée et damasquinée en or, quillons longs et droits.

30. Une ancienne épée, poignée gravée et damasquinée en or ; le quillon unique de la garde a été cassé.

31. Une ancienne épée, pommeau et garde en fer cannelé et jadis doré ; quillons recourbés en sens opposés.

32. Une ancienne épée, lame large, à deux

tranchans et triple gouttière; poignée volumineuse, en fer découpé.

33. Une ancienne épée, lame moins large, à deux tranchans; garde gravée et damasquinée en or; deux quillons droits.

34. Une ancienne épée, lame à deux tranchans, longue et étroite; coquille compliquée, à branches découpées à jour; pommeau avec quatre ailerons découpés; le tout jadis doré.

35. Une ancienne et belle épée, de la forme de la précédente, pommeau et coquille ciselés et dorés.

36. Une ancienne et belle épée, de même forme, pommeau et coquille damasquinés en or.

37. Une ancienne épée, lame à deux tranchans dentés en scies, pommeau en losange; des caractères arabes sur la lame et sur la poignée.

38. Une ancienne estocade.

39. Une ancienne estocade à deux mains; une chasse gravée le long de la lame.

40. Une ancienne estocade à deux mains, pommeau et garde dorés.

41. Un ancien sabre à deux mains, lame longue et large; garde à deux branches coudées, dirigées vers le pommeau.

*Sur la banquette.*

1. Une dague espagnole, lame triangulaire; une des arêtes chanfreinée en zigzag; dans son fourreau; poignée en fer ciselé et découpé à jour.

2. Une épée espagnole, lame large, à deux tranchans; garde en fer, avec deux coquilles pleines.

3. Une épée espagnole très longue, lame triangulaire; garde pleine, arrondie en forme de calotte.

4. Une large épée indienne, à deux tranchans, lame assemblée avec la garde entre deux longues branches appartenant à celle-ci, par deux clous contre-rivés; le haut de la garde présentant quatre espèces de crochets à vives arêtes recourbés vers la pointe.

5. Un cimeterre, poignée antique en fer doré, sur laquelle sont sculptés grand nombre de serpens.

6. Un sabre ancien, à poignée ciselée et dorée; la lame porte un écu, ayant, en champ d'or, six fleurs de lis, et surmonté d'un chapeau de cardinal.

7. Un ancien cimeterre, pommeau et garde ciselés et dorés.

8 à 9. Deux clémores écossais, poignées couvrant la main; on ne pense pas que les lames soient aussi anciennes.

10 à 14. Cinq anciennes épées à l'espagnole, poignées en fer, coquilles percées de petits trous; deux branches avec volutes, venant se réunir au pommeau.

15 à 18. Quatre anciennes croisées de chevaliers, lames à deux tranchans.

19 à 20. Deux anciennes épées, poignées en fer uni, à deux quillons longs et droits.

21. Une ancienne épée, pommeau en fer ciselé, jadis doré; sur la lame est la date de 1529.

22. Ancienne épée, garde en fer à plusieurs volutes unies.

23 à 24. Deux anciennes épées, avec quelques ornemens à la garde et au pommeau.

25. Une ancienne épée, poignée en cuivre fondu, chargée d'ornemens ciselés ; manque un quillon. Sur la lame on lit : *Clemens Horn me fecit. Solingen.*

*Sur le parquet, sous le porte-crosse.*

1. Une très belle pièce en fer forgé, de six pieds de longueur et du calibre de trois pouces six lignes ; dauphins ciselés, et plusieurs autres ornemens ciselés et dorés.

2 à 4. Trois anciennes pièces en bronze, longues de trois pieds, petit calibre, chargées d'ornemens ciselés.

5 à 6. Deux anciennes pièces en bronze, longues de quatre pieds six pouces, premier renfort à pans, dauphins ciselés, volée en forme de colonne cannelée.

7. Une petite couleuvrine en bronze, de six pieds de longueur, chargée d'ornemens ciselés ; on y lit la date de 1570.

8 à 10. Très petites pièces en bronze, longues de quatre pieds six pouces ; petit calibre, portant la date de 1566.

4°. TABLES DE LA MÊME GALERIE.

*Première table.*

1. Une éprouvette à poudre, à crémaillère, avec son bloc et son tiroir. 1784.

2. Un petit modèle du mortier-éprouvette-bilboquet, du général *Lamartillère*.

3. Un modèle, très petite échelle, de l'éprouvette d'ordonnance, avec son globe.

4. Un autre modèle, échelle plus grande, de l'éprouvette d'ordonnance, avec son globe.

5. Une éprouvette à crémaillère, son bloc et son tiroir. 1786.

6. Un amorçoir en cuivre pour les poudres fulminantes.

7. Trois mandrins avec leurs dés, pour faire les cartouches d'infanterie. *A. d. P.*

8. Une machine à éprouver les grands ressorts de fusils, séparés des platines; par *Deschaseaux* et *Montjoie*.

9. Un levier à bascule, pour éprouver les ressorts de batterie; Charleville, 1808.

10. Un levier à branche élastique graduée, pour mesurer la force des grands ressorts; par *Régnier*.

11. Un levier à bascule, pour mesurer la force des grands ressorts; Charleville, 1808.

12. Un levier à bascule, pour éprouver les ressorts de gachette; Charleville, 1808.

13. Une machine à éprouver les grands ressorts; par *Deschaseaux*, an 2.

14. Le blémomètre, par *Régnier*; instrument pour éprouver les grands ressorts non séparés de l'arme.

15. Un levier à bascule, pour éprouver les grands ressorts séparés de la platine; par *Régnier*.

16. Le pendule de l'éprouvette du chevalier d'*Arcy*. ( Attaché au mur, au-dessus de la table. )

17 à 20. Deux éprouvettes à ressort, et deux à pesons. ( Au mur, sur un tableau. )

21. Le pendule à éprouver les poudres fulminantes; par *Régnier*. ( Au mur. )

*Seconde table.*

1. Un globe creux en cuivre, formé de deux hémisphères séparables, pour le moulage en sable de la bombe de 12 pouces. *A. d. P.*

2. Un globe creux, pour le moulage en sable de la bombe de 10 pouces. *A. d. P.*

3. Un globe creux, pour le moulage en sable de la bombe de 8 pouces. *A. d. P.*

4. Un globe creux, pour le moulage en sable de la grenade. *A. d. P.*

5. Un globe creux, pour le moulage en sable du boulet de 12. *A. d. P.*

6. Un globe creux, pour le moulage en sable du boulet de 8. *A. d. P.*

7. Une paire de coquilles, pour le moulage du boulet de 24. *A. d. P.*

8 à 9. Deux paires de coquilles, pour le moulage en sable des projectiles. Ancienne construction.

10. Roulette et plaque de frottement, en fer; boîtes et plaques de cuivre, pour moulage; le tout servant à la construction du nouvel affût de place et de côte.

11. Une collection de lunettes pour la vérification de l'étoile mobile ; nouveau modèle. *A. d. P.*

12. L'étoile mobile, nouveau modèle, avec le support à trois branches pour la hampe. *A. d. P.*

13. Un chat-hampé à cinq branches, pour la recherche des soufflures dans l'âme du canon. *A. d. P.*

14. Un plan incliné, hampé, pour prendre, avec la cire, l'empreinte des soufflures reconnues. *A. d. P.*

15. L'assortiment des carrés de vérification pour l'étoile mobile. ( Du système de *Gribeauval.* )

16. L'assortiment des pointes de rechange pour la même étoile. (Dans une boîte.)

17. L'étoile mobile de *Gribeauval,* exécutée par M. *Savart,* à l'école d'Artillerie et Génie, à Metz.

18. Un instrument compliqué pour la vérification de l'intérieur des bouches à feu de gros calibre. (On l'appelle le Vérificateur de *Desaguliers.*)

19. La boîte de l'étoile mobile, nouveau modèle, où se trouve l'assortiment des pointes de rechange pour ladite étoile. *A. d. P.*

20. Sept refouloirs en bois, pour prendre l'emplacement des lumières aux canons des divers calibres. *A. d. P.*

21. Quatre sondes pour les lumières. *A. d. P.*

22. Petits crochets pour rechercher les soufflures dans le canal des lumières. *A. d. P.*

23. Un niveau. *A. d. P.*

24. Le vérificateur de l'œil des bombes de 10 et 12 pouces. *A. d. P.*

25. Le vérificateur de l'œil de la bombe et de l'obus de 8 pouces. *A. d. P.*

26. Le vérificateur de l'œil des obus de 6 pouces et du calibre de 24. *A. d. P.*

27. Le vérificateur de l'épaisseur des parois à l'œil des projectiles creux. *A. d. P.*

28. Quatre étoiles pour la vérification des cylindres de 16 et de 12. *A. d. P.*

29. Trois vérificateurs de lunettes de réception ; un pour grande lunette de 16, et deux pour grandes lunettes de 12. *A. d. P.*

3o. Support à quatre branches, pour la hampe de l'ancienne étoile mobile. *A. A. d. P.*

31. le vérificateur de *Désaguliers*, pour les petits calibres.

32. Compas à cadran pour vérifier les épaisseurs des canons de fusil. Charleville, 1808.

33. Un grand instrument pour vérifier l'intérieur des mortiers, avec ses accessoires. De l'arsenal de Douay.

34. Étoile pour vérifier l'intérieur des mortiers ; par *Esser*, à Strasbourg. ( Incomplète.)

35. Instrument pour vérifier les chambres des mortiers, avec ses pointes de rechange ; par *Esser*, à Strasbourg.

36. Étoile pour la vérification du mortier de *Gribeauval*. *A. A. d. P*.

37. Petit modèle de la même étoile.

38. Autre étoile pour vérifier le mortier, perfectionnée par *Merklein*. *A. A. d. P.*

39. Instrument vérificateur pour le mortier-éprouvette. *A. A. d. P.*

4o. Assortiment de lunettes pour les embases et les tourillons. *A. d. P.* (Suspendues au mur.)

41. Assortiment de lunettes de réception pour les projectiles, avec leurs vérificateurs. *A. d. P.* (Au mur.)

42. Assortiment de lunettes de réception pour les projectiles. *A. A. d. P.* (Au mur.)

43. Deux tableaux où sont présentés une partie des gabarits, mandrins et vérificateurs qui ont servi à la construction du mousqueton de 1777.

*Troisième table.*

1. Une collection ou nécessaire de vérification pour le mortier-éprouvette. 1812. *A. A. d. P.*

2. Un nécessaire de vérification pour mortier-éprouvette. *A. d. P.*

3. Un nécessaire *idem.* 1812. *A. A. d. P.*

4. Une ancienne étoile mobile à plan incliné, avec un carré vérificateur.

5. Neuf carrés de vérification pour les pointes de l'ancienne étoile mobile.

6. Vérificateur des coquilles pour le mou-

lage des obus de 24. Arsenal de Strasbourg, an 9.

7. Ancienne étoile à pointes mobiles. Instrument étranger.

8. Petite boîte contenant des cylindres de vérification pour canons d'armes portatives à feu; par *Silvy*. 1810.

9. Assortiment de pointes de rechange pour l'ancienne étoile mobile; par *Esser*. (Dans une boîte.)

10. Une ancienne étoile à tambour.

11. Deux anciennes étoiles mobiles à tambours. ( Dans une boîte.)

12. Deux demi-cylindres, pour soutenir au milieu de l'âme du canon de 24 la grande règle à coulisse. 1808. *A. A. d. P.*

13. Une boîte contenant des modèles d'instrumens pour vérifier et corriger l'intérieur des bouches à feu. (Étrangers.)

14. Cylindre à charnière, pour soutenir la hampe de l'étoile mobile dans l'âme du canon de 24.

15. Deux anciennes étoiles mobiles à tambour. (Dans une boîte.)

16. Un tableau où sont rassemblés quelques gabarits, mandrins et vérificateurs qui ont servi à la construction de la carabine de 1781.

*Quatrième table.*

1. Le distanciomètre de l'adjudant-général *Mayer*. 1812. *A. A. d. P*.

2. Compas de fer pour relever les angles ; par *de Babelon*, inspecteur de la manufacture de Charleville.

3. Un modèle de hausse fixe, à tiroirs ; par M. *Arranger*, sergent-major d'ouvriers. 1822.

4. Une hausse mobile, avec fil aplomb ; inventée et exécutée par le même. 1822.

5. Un très beau quart de cercle, propre à pointer tous les mortiers, muni de deux niveaux à bulle d'air ; inventé et exécuté par le même. 1824.

6. Une seconde hausse mobile, avec niveau à bulle d'air ; par le même. 1823.

7. Un modèle de hausse à canon, proposé par M. *Picard*, capitaine d'artillerie à cheval. 1812.

8. Un niveau en fer ; par *de Babelon*.

9. Un quart de cercle à pinnules et fil à-plomb, propre à tous les mortiers; par le sieur *Patron*, à Paris.

10. Un quart de cercle armé d'une longue tige, pour donner les degrés au canon.

11. Un projet de hausse à canon de tout calibre, composé de lames de cuivre flexibles.

12. Le limbe gradué qui s'adapte aux tourillons du mortier, monté suivant le projet de *Bouquero*.

13. Un quart de cercle en bois, à charnières, qui permettent de le ramener à un faisceau alongé et portatif.

14. Une hausse à canon, combinée avec le quart de cercle : deux modèles de différentes grandeurs; par M. *Romain*, capitaine d'artillerie.

15. Un quart de cercle en cuivre. *Diebolt*, à Strasbourg.

16. Un sextant de cuivre, avec niveau à bulle d'air.

17. Quatre quarts de cercle, propres au service de tous les mortiers, pinnules, limbe

( 139 )

divisé, et verge d'aplomb, en cuivre ; le reste
en bois : *invenit et fecit Billion*, à Paris.

18. Une hausse à canon et obusier, proposée
par M. *Chadrin*, officier d'artillerie. 1821.

19. Un modèle de mortier, sur affût et plate-
forme, avec l'appareil à aiguille ; proposé par
M. *de Trumilly*. Les modifications que présente
ce modèle, ainsi que l'exécution du tout, sont
dues à M. *Arranger*, sergent-major d'ouvriers.

20. La planchette du cannonier ; par M. d'*O-
benheim*, professeur aux écoles d'artillerie.

21. Une seconde hausse, pour canon et obusier, avec des perfectionnemens ; par M. *Chadrin*, officier d'artillerie.

22. Un quart de cercle en cuivre, avec niveau à bulle d'air. *Diebolt*, à Strasbourg.

23. Quelques mandrins et vérificateurs qui
ont servi à la construction du pistolet de 1777.

*Cinquième table.*

1. Un compas à verge, avec échelle, pour
prendre les calibres des bouches à feu et projectiles ; à l'usage de l'artillerie prussienne.

2. Un compas à calibrer, à deux verges ; à l'usage de l'artillerie française. Veuve *Lennel*, à Paris.

3. Le dynamomètre de *Régnier*. ( Dans sa boîte. )

4. Un compas à calibres français, à deux verges. *Lang*, à Strasbourg.

5. Un compas à verges. *Esser*, à Strasbourg. 1793.

6. Un compas à calibrer, à coulisse et à deux verges. *Lennel*, à Paris.

7. Un compas à calibrer, à coulisse et à une seule verge. *Delure*, à Paris.

8. Une boussole déclinatoire.

9. Un compas à calibrer, à coulisse et à une verge. *Delure*, à Paris.

10. Une seconde boussole déclinatoire.

11. Un compas à calibrer, à coulisse, à deux verges et vis de rappel. *Lang*, à Strasbourg.

12. Le triangle-équerre de l'école d'Auxonne. *Delure*, à Paris.

13. Un compas à calibrer, à coulisse et à une seule verge. *Delure*, à Paris.

14. Un compas à trois branches, pour calibrer les pièces. Strasbourg, an 9.

15. Un compas à calibrer, à coulisse et à une seule verge. *Delure*.

16. Un second triangle-équerre.

17. Une règle en cuivre, portant deux échelles, dont l'une divise le pied en dixièmes, l'autre, en douxièmes de lignes.

18. Un petit modèle de la balance de *Quintenz*.

19. Diverses échelles propres aux calibres autrichiens, pointes sur bois.

20. Un compas en forme de T, pour prendre des calibres de pièces. *A. A. d. P.*

21. Un compas à verge, portant un pied de roi étalonné. *A. d. P.*

22. Un autre compas à calibrer, en forme de T, en fer, sans divisions et sans vis de rappel.

23. Un litre étalonné, en cuivre. *A. A. d. P.*

24. Un décalitre étalonné, en cuivre. *A. A. d. P.*

25. Un mètre étalonné, en cuivre. (Dans sa boîte.)

26. Une règle en cuivre, portant une échelle de division pour un pied étranger (de 10 pouces 9 lignes 2 points de longueur).

27. Un instrument à calibrer : c'est une losange dont un des angles est assujetti à glisser le long d'une diagonale qui porte l'échelle de division ; branches et diagonale en cuivre.

28. Le triple rapporteur; par M. de *Trumilly*.

*Sixième table.*

1. Un nécessaire de vérification pour le pistolet de cavalerie; modèle de 1816. *A. d. P.*

2. Six règles à crans, pour vérifier les moulures aux canons des différens calibres. *A. A. d. P.*

3. Un nécessaire de vérification pour les vis de platine et de culasse du fusil d'infanterie ; modèle de 1816. *A. d. P.*

4. Un nécessaire de vérification pour les armes entre les mains des troupes. *A. d. P.*

5. Un nécessaire de vérification des vis de platine et culasse, pour le fusil d'artillerie ; modèle de 1822. *A. d. P.*

6. Six règles à crans, pour vérifier les moulures aux canons français. *A. A. d. P.*

7. Un nécessaire de vérification pour le pistolet de gendarmerie; modèle de 1822. *A. d. P.*

8. Un nécessaire de vérification pour les vis de culasse et platine du mousqueton; modèle de 1816. *A. d. P.*

9. Un compas à coulisse, pour mesurer les diamètres extérieurs des canons. *A. d. P.*

10. Un nécessaire de vérification pour le mousqueton; modèle de 1816.

11. Un compas à coulisse, à longues branches, pour prendre de grands diamètres. *A. A. d. P.*

12. Un nécessaire de vérification pour les vis de culasse et de platine du pistolet de gendarmerie; modèle de 1822. *A. d. P.*

13. Cinq calibres en fer pour vérifier les diamètres extérieurs des bouches à feu. *A. A. d. P.*

14. Un nécessaire contenant deux compas à pointes courbes et une sonde graduée, pour la vérification des projectiles creux. 1812. *A. A. d. P.*

15. Un calibre en fer, pour vérifier l'écartement des embases à la pièce de 24. 1808. *A. A. d. P.*

16. Quatre calibres en fer, pour vérifier les diamètres extérieurs. *A. A. d. P.*

17. Un grand compas en fer, pour mesurer les épaisseurs aux projectiles creux.

18. Un grand compas courbe. 1808. *A. A. d. P.* (Attaché au mur.)

19. Un compas à branches courbes, pour vérifier les diamètres. *A. d. P.* (Au mur.)

20. Un autre grand compas courbe. 1808. *A. A. d. P.* (Au mur.)

*Septième table.*

1. Un nécessaire de vérification pour le fusil d'artillerie ; modèle de 1822. *A. d. P.*

2. Un nécessaire de vérification pour les armes blanches; modèles de 1822. *A. d. P.*

3. Un nécessaire de vérification pour le fusil ; modèle de 1777. *A. A. d. P.*

4. Un nécessaire de vérification pour les pierres à fusil. *A. d. P.*

5. Un nécessaire de vérification pour le fusil d'infanterie; modèle de 1822. *A. d. P.*

6. Un tableau présentant des échantillons de toutes les pierres à feu françaises. (Au mur.)

*Huitième table.*

1. Onze échantillons de bronze refondu, avec addition d'autres métaux. (Direction des fonderies.)

2. Six échantillons d'alliages, où l'on a admis du zinc et même du plomb. (Direction des fonderies.)

3. Trois parallélépipèdes de même forme et volume, l'un en bronze d'ordonnance, les deux autres en métaux, proposés, en 1753, par les sieurs *Moor* et *Stark*, Anglais.

4. Six échantillons où l'on a fait entrer zinc, plomb, etc. (Direction des fonderies.)

5. Onze échantillons de bronze refondu, avec additions. (Direction des fonderies.)

6. Un échantillon de fer doux, en barre, du Berri.

7. Un échantillon de fer cassant, en barre, du Berri.

8. Trois échantillons de fer très doux, de l'Arriège.

9. Un morceau d'acier fondu, radouci par une trempe particulière, proposé pour cuirasse. L'échantillon a reçu quatre impressions de balles sans être traversé.

10. Échantillons d'acier fondu, de Liége.

11. Échantillons de fonte de fer, de castine, de fer limoneux, de grès pour meule à canon.

12. Divers échantillons, pris après fabrication, de fer cassant et de fer nerveux.

13. Deux échantillons de fer doux en barre, du Berri.

14. Un échantillon d'étain du commerce.

15. Échantillons d'étain après la fusion.

16. Échantillon de plomb après la fusion.

17. Deux échantillons de zinc coulés en table.

18. Divers échantillons qui se rapportent au

procédé de couler le bronze sur une âme en fer forgé ; par le chef de bataillon d'artillerie, *Ducros*.

19. Plusieurs échantillons de cuivre, dits *mitraille*.

20. Plusieurs échantillons de cuivre rosette du commerce, d'Angleterre, de Suède, etc., soit de première, soit de seconde fusion.

21. Quatorze gros échantillons des essais d'alliages ternaires, zinqués, ferrés, etc., faits par le lieutenant-colonel d'artillerie, *Dussaussoy*. (Direction des fonderies.)

22. Cylindre de 7 pouces 6 lignes de longueur, sur 2 pouces 6 lignes de calibre, présentant une âme en fer forgé, de 3 lignes d'épaisseur, parfaitement unie avec une enveloppe de bronze de 9 lignes d'épaisseur ; d'après le procédé de M. *Ducros*.

23. Six rognons de silex, dans leur état d'extraction, à *Meusnes* et environs, et après l'opération d'un premier débit en copeaux. ( Suspendus au mur. )

24. Tableau présentant les états successifs par lesquels passent les pierres à feu, avec les outils de fabrication. ( Au mur. )

FIN.

exemple, l'équation

$$2xy - 2x^2 - 4y - x + 10 = 0,$$

n° 377.

ord trouvé pour $a$, $b$, F′,

$$a = \frac{1}{2}, \ b = \frac{3}{2}, \ \text{F}' = \frac{27}{4};$$

né pour première transformée,

$$y^2 + 2xy - 2x^2 + \frac{27}{4} = 0.$$

ensuite

$$1 + \sqrt{3}, \ \text{tang} \ \alpha' = -1 - \sqrt{3}, \ \text{K} = -\frac{12}{\sqrt{13}},$$

ième transformée, $xy = \frac{9}{16}\sqrt{13}.$

peut être facilement vérifié; en effet A et B dé-
emi-axes d'une hyperbole, on a (n° 322)

$$xy = \frac{\text{A}^2 + \text{B}^2}{4};$$

$$\frac{9}{8}(\sqrt{13} - 1), \ \text{B}^2 = \frac{9}{8}(\sqrt{13} + 1);$$

$$\text{donc} \ \frac{\text{A}^2 + \text{B}^2}{4} = \frac{9}{16}\sqrt{13}.$$

*ermination d'une section conique d'après
s conditions. Propriétés communes aux
rbes.*

peut, comme pour la ligne droite et le cercle
), rechercher des sections coniques qui remplissent
ns données; dans ce cas, les coefficiens de leurs